Casos de ingeniería de organización

Editores:
Albert Suñé Torrents
Jaume Figueras Jove

Autores:
Albert Suñé Torrents
Jaume Figueras Jove
Antoni Guasch Petit
Mercedes García Parra
Vicenç Fernández Alarcón
Ramon Navarro Antúnez
Ignasi Arcusa Postils
José M. Sallan
Anna Solans Filella
Francisco Gil Vilda
Oriol Lordan González
Pep Simo

Editores: Albert Suñé Torrents, Jaume Figueras Jove

ISBN: 978-84-940624-5-2

DL: B-20382-2013

DOI: http://dx.doi.org/10.3926/oss.12

© OmniaScience (Omnia Publisher SL) 2013

Diseño de cubierta: OmniaScience

Imágenes cubierta: © Buchachon y © Doudou – Fotolia.com

Sobre esta obra

Esta obra presenta una colección de 18 casos que han sido creados como resultado del proyecto de innovación docente "Transversalidad en el diseño curricular del Máster Universitario en Ingeniería de Organización". El proyecto de innovación docente contó con el apoyo del Instituto de Ciencias de la Educación de la Universitat Politècnica de Catalunya y tuvo como finalidad aumentar la interconexión de los contenidos impartidos en el citado Máster. La colección de casos incluidos en esta obra se utiliza como material docente transversal. Hemos indicado en cada caso las asignaturas para las que fueron creados.

Para información complementaria sobre las propuestas de resolución de los casos o sus notas de enseñanza, encontrará los datos de contacto de los autores al final del libro.

Agradecimientos

Los autores agradecemos sinceramente el apoyo recibido por el ICE de la Universitat Politècnica de Catalunya (BarcelonaTech – UPC) durante el desarrollo del proyecto de innovación docente "Transversalidad en el diseño curricular del Máster Universitario en Ingeniería de Organización".

También agradecemos la valiosa colaboración de las siguientes personas que han participado en el proyecto de innovación docente y en la elaboración o la revisión de esta obra:

- Maria Albareda Sambola
- Eulàlia Gríful Ponsatí
- Montserrat Pepió Viñals
- Jordi Rodríguez Tristany
- Guillem Gala Pons

Índice

Caso Cybergames S.A.

Jaume Figueras, Antoni Guasch, Albert Suñé

Asignaturas involucradas

- Dirección de operaciones
- Automatización de procesos

Introducción

La asignación de máquinas a operarios es un tema clásico de la organización industrial. Se trata de decidir cuántas máquinas o clientes hay que asignar a un operario o recurso para que el conjunto funcione con el máximo de eficiencia posible.

Por interferencia se entiende el tiempo de inactividad de las máquinas o espera de clientes debido a que el operario o recurso está ocupado atendiendo otra demanda.

En el caso Cybergames se trata el problema de las interferencias aleatorias, debido a que la aparición de las incidencias está sujeta a procesos estocásticos. Para su resolución se pueden aplicar métodos analíticos o bien modelos de simulación.

El caso

La empresa Cybergames S.A. está tratando de implantar nuevas versiones del robot "Buzz Light Year" en el mercado Europeo y de Oriente Próximo, para ello estudia el establecimiento de una planta de producción en el sur de Europa. La tasa de producción planificada para la planta se ha establecido en 1 millón de unidades al año.

Una vez hechos los estudios pertinentes se debe escoger entre las dos soluciones propuestas a continuación:

- Planta ubicada en el Vallés, con máquinas de producción nominal 30 robots/hora y coste de 70 €/hora, con averías al azar y con un tiempo medio de funcionamiento entre averías de 10 horas y tiempo de reparación de 0.25 horas. El coste del trabajo es de 65 €/hora. Se organizarán turnos para que la planta funcione ininterrumpidamente 8760 horas al año.

- Planta ubicada en Milán con máquinas de producción nominal 12.5 robots/hora y coste de 20 €/hora con incidencias al azar, con una media de una incidencia cada hora de funcionamiento de la máquina y con un tiempo para resolver la incidencia de 12 minutos (10 minutos con la máquina parada y 2 minutos con la máquina en marcha). El coste del trabajo es de 12 €/hora. Se organizarán turnos, de manera que la planta funcione ininterrumpidamente 8760 horas al año.

El coste de transporte de cada unidad a los distribuidores es de 0.01€ desde Milán y de 0.02€ desde el Vallés.

La carga de trabajo de los operarios no puede superar el 80%.

Se trata de comparar las dos posibilidades consideradas de forma analítica y mediante simulación de 100 horas, teniendo en cuenta:

1. Costes unitarios de producción
2. Número de máquinas requeridas
3. Número de máquinas por operario
4. Número de operarios y carga de los mismos

Para la simulación de las averías en la fábrica del Vallés lo haremos con una función (exponencial (300) piezas) y experimentos con 3, 4 y 5 máquinas.

Para la simulación de las dos fábricas consideramos que cada trabajador puede acudir a la reparación de cualquier máquina.

Caso Rubber Soul S.A.

Jaume Figueras, Antoni Guasch, Ramon Navarro, Albert Suñé

Asignaturas involucradas

- Diseño de la cadena de suministro
- Automatización de procesos

Introducción

El *kanban*[1] es un sistema de información que controla de modo armónico la fabricación de los productos necesarios en la cantidad y tiempo necesarios en cada uno de los procesos que tienen lugar tanto en el interior de la fábrica como entre distintas empresas. También se denomina "sistema de tarjetas" porque lo que suele utilizarse son tarjetas que se pegan en los contenedores de materiales y que se despegan cuando estos contenedores están vacíos, para asegurar la reposición de dichos materiales. Las tarjetas actúan de testigo del proceso de producción o suministro.

El *kanban* se considera un subsistema del JIT[2] (Just in Time). Cuando un cliente retira productos de su lugar de almacenamiento, el *kanban* (o la señal), viaja hasta el principio de la línea de fabricación o de montaje, para que se produzca un nuevo producto. Se dice entonces que la producción está guiada por la demanda y que el *kanban* es la señal que genera el cliente para que un nuevo producto deba ser fabricado o montado con el fin de reaprovisionar el punto de stock.

El *kanban* funciona sobre el principio del flujo tirado (el producto no se fabrica o repone hasta que cliente pide el producto y tira del sistema), el primer paso es definir la cantidad ideal de productos que hay que entregar, suficientemente grande para permitir la producción a costes bajos, y no demasiado pequeña como para generar roturas de stock o faltas de suministro.

En la asignatura de Diseño de la cadena de suministros se explican en detalle tanto el sistema *kanban* como el conjunto de herramientas para el diseño de este tipo de suministro, mientras que en la asignatura de Automatización de procesos, se aplican las herramientas de simulación para validar los resultados obtenidos.

La empresa Rubber Soul S.A.

La empresa Rubber Soul S.A., de Castellbisbal, se dedica a la elaboración de compuestos de caucho para la pequeña y mediana empresa de transformación de artículos de caucho. Su proceso de producción consiste en varios mezcladores cerrados donde, en base a las recetas específicas de cada cliente, se mezclan los varios tipos de caucho con los ingredientes para cada producto.

A efectos de este estudio se supone que Rubber Soul S.A. sólo tiene un mezclador, que funciona mediante un flujo de lotes periódicos. Cada carga del mezclador es de 180 kilos de producto y el tiempo de ciclo es de 4 minutos.

El mezclador trabaja por lotes completos, es decir, hasta que no se completa un lote no se puede producir el siguiente. Un lote está formado por un número especificado de cargas que superan el control de calidad. El tiempo de cambio de lote del mezclador es de 18 minutos. Es decir, una vez se ha completado un lote cualquiera se emplearán 18 minutos para preparar el nuevo lote, con independencia del tipo de lote anterior y posterior.

Una vez producidos, los compuestos de caucho se envían en contenedores de 4 cargas cada uno desde Rubber Soul S.A. a los diferentes clientes. Las partidas expedidas deben ser de un número entero de contenedores.

El cliente Revolver S.L.

Revolver S.L. es uno de los clientes de Rubber Soul S.A. Revolver S.L. está ubicado en Martorell y se dedica a la producción y comercialización de perfiles de caucho para la industria automovilística. Su proceso principal es el extrusionado de perfiles a partir de los compuestos de caucho que le suministra Rubber Soul S.A. Uno de sus productos de mayor demanda, el perfil L3C, se extrusiona a una velocidad que supone un consumo de compuesto de caucho de 12 kg al minuto.

Revolver S.L. ha planteado su deseo de experimentar un suministro en *kanban*, aprovechando la proximidad con la planta de Rubber Soul S.A. Revolver desea tomar la referencia L3C como producto piloto para esta experiencia. Para ello propone a Rubber Soul adoptar un tamaño de lote de producción de 20 cargas, y fijar un stock de seguridad en Revolver equivalente a 2 horas de consumo.

Inicialmente, se ha propuesto que Rubber Soul entregue los compuestos en partidas de 4 lotes de producción, pero es parte del estudio ajustar el número de lotes en cada partida e incluso el número de cargas por lote.

El tiempo total de transporte entre Rubber Soul y Revolver se ha evaluado en 45 minutos. Para simplificar el problema, se supone que el transporte de Rubber Soul a Revolver se inicia tan pronto como haya un pedido de Revolver y la partida esté disponible para su envío. El transporte de contenedores vacíos desde Revolver a Rubber Soul se efectúa tan pronto como tenemos vacíos los contenedores equivalentes a una partida y también tiene una duración de 45 minutos.

El precio de compra pactado entre Rubber Soul y Revolver para el compuesto L3C es de 2,9 €/kg y el coste de almacenamiento del stock en Revolver es del 10% anual del valor de compra. El coste de cada viaje de Rubber Soul a Revolver (o viceversa) es de 50€.

Cuestiones a resolver de forma analítica

1. Calcular el número de tarjetas *kanban* de producción en Rubber Soul.

2. Calcular el número de tarjetas *kanban* de transporte en Revolver considerando partidas de 4 lotes.

3. Calcular el coste de la gestión del stock del compuesto de caucho L3C en Revolver.

El modelo de simulación

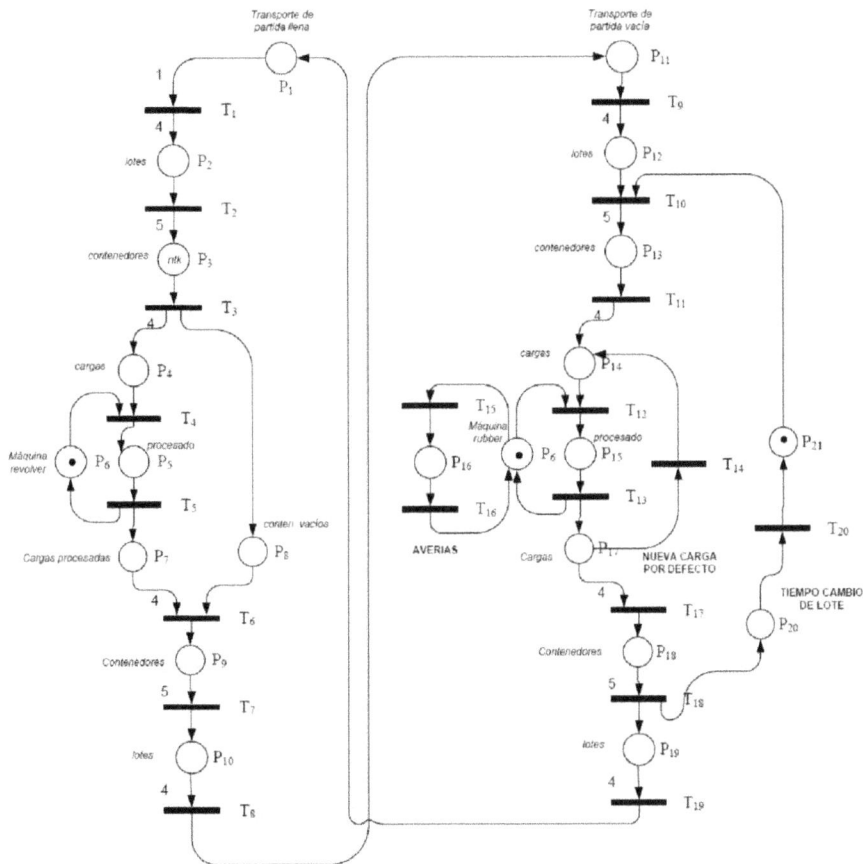

Figura 1. Red de Petri del modelo

En la Red de Petri se muestra el modelo desarrollado, la subred de la izquierda representa el submodelo de Revolver y la subred de la derecha el submodelo de Rubber Soul. Nótese que en esta configuración, el transporte de lotes se efectúa en partidas de 4 lotes/transporte; cada lote tiene 5 contenedores y cada contenedor tiene 4 cargas. Los aspectos a destacar son:

- En el lugar P3 tenemos inicialmente ntk contenedores. Es la limitación del máximo de tarjetas *kanban* en este proceso.

- El lugar P17 contempla la decisión de que el 1.8% de las cargas son defectuosas. Cuando una carga es defectuosa hay que procesar otra nueva para completar el contenedor (realimentación a través de la T14).

23

Código Simio:

En el apartado "Definitions" se han definido las siguientes propiedades:

- NúmeroTarjetasKanban: es objetivo de este ejercicio determinar el número de tarjetas *kanban* para garantizar el stock mínimo de 2 horas de consumo y que no habrá paros en la producción de Revolver por falta de material.

- NumeroContLote y NumeroLotesPartida: también es objetivo del ejercicio obtener el número de contenedores por lote y el número de lotes por partida de transporte. La configuración óptima es la que minimiza los costes de Revolver.

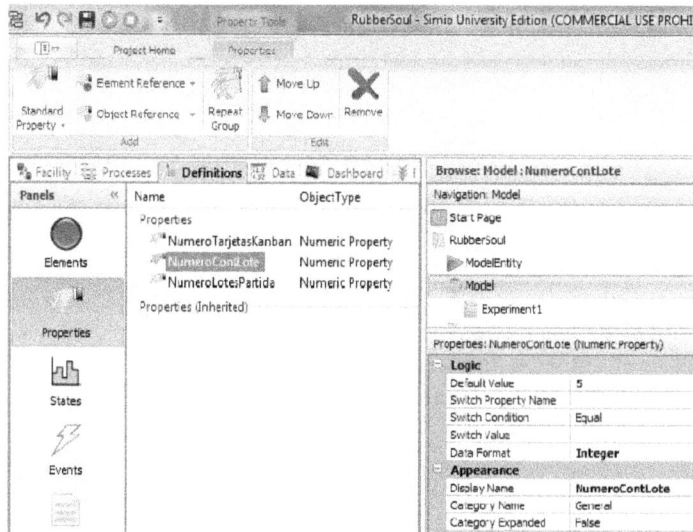

Figura 2. Pantalla de definición de propiedades

En la pantalla del modelo se muestran el coste total a minimizar, el stock promedio (en horas), la utilización de la máquina de Revolver (1 => 100% de utilización). En la zona derecha de la pantalla se muestra la configuración escogida para efectuar la simulación.

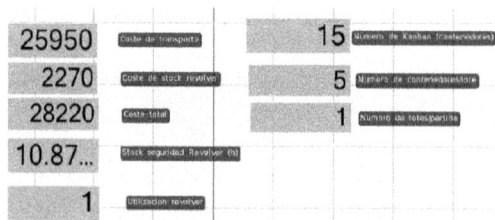

Figura 3. Pantalla del modelo simulado

Cuestiones a resolver mediante simulación

1. Analizar la Red de Petri y comprobar que representa correctamente el problema planteado.

2. Calcular el número óptimo de tarjetas *kanban* de producción en Rubber Soul bajo el supuesto de que el lote es de 20 cargas y las partidas se hacen por entregas de 4 lotes. Recordar que el stock mínimo de seguridad en Revolver es de 2 horas de consumo.

3. Determinar el tamaño óptimo del lote y el tamaño óptimo de las partidas para minimizar el coste total en Revolver (la suma del coste de almacenamiento del stock en Revolver y del coste de transporte). Este análisis se efectúa sin tener en cuenta el impacto que tiene el tamaño del lote en Rubber Soul.

Para resolver la pregunta número 4 se propone analizar el resultado de trabajar con diferentes valores de *kanban*, para cada valor propuesto de *kanban* proponer un conjunto de combinaciones de tamaño de lote y tamaño de partida. Por ejemplo, para un *kanban* de 10 tenemos las siguientes posibles combinaciones posibles, las marcadas con una "x" en la tabla 1.

Las combinaciones posibles son las que cumplen la siguiente restricción,

*contenedores/lote * lotes/partida <= kanban*

		Contenedores por lote									
		1	2	3	4	5	6	7	8	9	10
Lotes por partida	1	X	X	X	X	X	X	X	X	X	X
	2	X	X	X	X	X					
	3	X	X	X							
	4	X	X								
	5	X	X								
	6	X									
	7	X									
	8	X									
	9	X									
	10	X									

Tabla 1. Combinaciones posibles de contenedores/lote

De entrada, se propone evaluar para *kanban* de 1, 5, 10, 15, 20, 25, 30, 35 y 40 un número limitado de combinaciones de tamaño de lote y tamaño de la partida.

Posteriormente, se puede efectuar una búsqueda más acotada habida cuenta de los resultados obtenidos. Para facilitar la simulación de diferentes casos se ha definido el "Experiment1" en la que el usuario puede definir un conjunto de experimentos a efectuar. Se pueden añadir tantos experimentos como se desee.

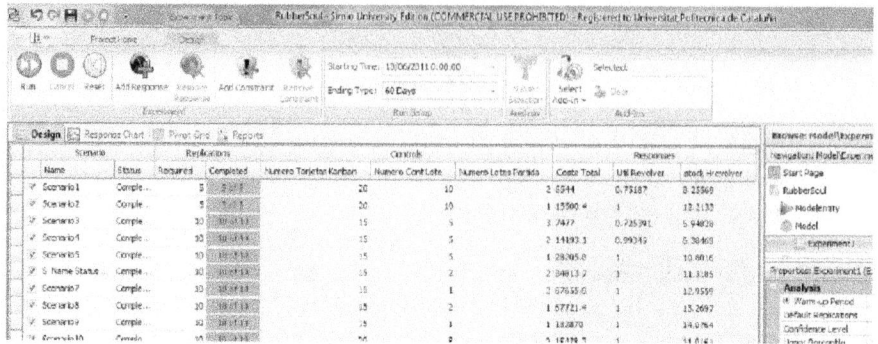

Figura 4. Pantalla de experimentos

Referencias

[1] http://es.wikipedia.org/wiki/Kanban

[2] http://es.wikipedia.org/wiki/Método_justo_a_tiempo

Caso Flat Watch S.A.

Ignacio Arcusa, Vicenç Fernández, Pep Simo

Asignaturas involucradas

- Métodos cuantitativos en organización
- Diseño de la cadena de suministro

Introducción

El concepto de planificación agregada trata de prever con antelación suficiente las necesidades de recursos para poder tomar en el momento oportuno las decisiones adecuadas para tenerlos a su debido tiempo y todo ello con la mayor eficiencia posible.

La planificación agregada aparece como el instrumento principal del proceso denominado S&OP (*Sales and Operations Planning*), cuyo concepto se remonta al 1988[1] y que recientemente ha vuelto a la actualidad gracias a la promoción realizada por parte de algunas consultoras y de la APICS (*American Production and Inventory Control Society*).

Habitualmente el proceso de planificación de actividades se lleva a cabo de una forma jerárquica: en el nivel de planificación estratégica se adoptan, entre otras, las decisiones de inversión relativas a la capacidad productiva; el nivel siguiente, la planificación agregada, corresponde al medio plazo (un año, por ejemplo) dividido en períodos (meses o tal vez semanas) y en el que se trabaja con agregados de productos y de recursos.

La planificación agregada y los niveles que se sitúan por debajo de la misma se inscriben en el área de producción, la cual recibe, procedente del área comercial, una previsión de demanda a la que intenta ajustar la producción con el menor coste posible. Para hacerlo, se consideran generalmente como variables, la dimensión de la plantilla, los horarios de trabajo y los niveles de producción y de inventarios en cada período; el resultado afecta al área de personal y a la de tesorería y finanzas[2].

En el caso Flat Watch se pretende aplicar distintos métodos de planificación agregada, incluyendo la programación lineal, para satisfacer una demanda prevista con el mínimo coste.

El caso Flat Watch S.A.

Flat Watch S.A. tiene una planta de producción de relojes de pulsera digitales. En la planta tiene 4 líneas productivas que trabajan a dos turnos de 8 h/turno, 5 días a la semana, 4 semanas al mes. Cada línea productiva produce 125 ud/h.

Cuando la capacidad de la planta no es suficiente, se puede organizar un tercer turno de noche de 8 horas pero a un coste superior. El coste de fabricación en horas normales es de 100 €/ud y de 130 €/ud si se hacen en turno de noche.

La demanda del reloj de pulsera para los próximos 6 meses es la siguiente:

Mes	1	2	3	4	5	6
Demanda	180.000	220.000	260.000	300.000	340.000	380.000

Tabla 1. Demanda relojes pulsera de los próximos 6 meses

Cuestiones

1. Calcular la capacidad de producción mensual de la planta en horas normales y con el tercer turno.

2. ¿Se puede cumplir el plan de producción? Si no se puede cumplir, ¿qué demanda se dejaría sin cubrir?

3. Establecer un plan de producción para el reloj pulsera, a un coste mínimo, considerando que el coste de posesión de stock es de 20 €/ud-mes. Calcular ese coste mínimo.

4. Existe la posibilidad de instalar una quinta línea de producción idéntica a las existentes mediante un "leasing" con un coste de 18.000 €/mes o de subcontratar a un proveedor la falta de capacidad productiva con un coste de fabricación de 230 €/ud. El proveedor tiene una capacidad de 350 ud/h, trabaja a tres turnos de 8 h/turno y sin posibilidad de horas extras. ¿Qué será económicamente más rentable, instalar la línea o subcontratar la falta de capacidad?

5. Calcular el nuevo plan de producción de coste mínimo.

6. Represente la situación del apartado 3 a través de un gráfico en donde todas las variables a considerar queden representadas.

7. Plantear un modelo lineal que permita determinar la cantidad de relojes a producir en cada mes para minimizar los costes de producción y almacenaje. Con este objetivo se pide definir las variables de decisión, la función objetivo a optimizar, y las restricciones.

8. Represente la situación del apartado 4 a través de un gráfico en donde todas las variables a considerar queden representadas.

9. Plantear un modelo lineal que permita determinar la cantidad de relojes a producir en cada mes para minimizar los costes de producción y almacenaje. Con este objetivo se pide definir las variables de decisión, la función objetivo a optimizar, y las restricciones.

Referencias

[1]Ling, R.C., & Godbard, W.E. (1988). *Orchestrating success - Improve control of the business with sales and operations planning*. New York: Wiley.

[2]Boiteux, O. D., Corominas, A., Lusa, A., & Martínez, C. (2009). Planificación agregada de la producción, la plantilla, el tiempo de trabajo y la tesorería. *Intangible Capital*, 5(3), 259-277.

Caso Ambinet S.A.

Mercedes García, Albert Suñé

Asignaturas involucradas

- Dirección financiera
- Dirección de operaciones

Introducción

La Dirección financiera permite obtener los documentos contables que son el pilar fundamental del análisis económico financiero. Entre los más conocidos y usados están el balance general y la cuenta de resultados (también llamada de pérdidas y ganancias) que son preparados, casi siempre, al final del ciclo contable por los administradores. Éstos evalúan la capacidad de la organización para generar flujos favorables según la recopilación de los datos contables derivados de los hechos económicos.

Considerando que en la actualidad las empresas se ven cada vez más presionadas por obtener buenos rendimientos a partir de su buen funcionamiento, se hace necesario conocer las técnicas y métodos que le permitan autoevaluarse y corregir lo que está mal. Es por esto que este caso trata de recopilar los aspectos fundamentales del análisis económico financiero con el objetivo de proporcionar los principales elementos económicos que le permitan hacer valoraciones acertadas.

Por otra parte, la Dirección de operaciones permite implantar los métodos y técnicas propios de la producción ajustada o *Lean manufacturing*. La producción ajustada es un sistema de producción orientado a la reducción de los siete tipos de despilfarros (sobreproducción, esperas, transportes, procesos ineficientes, inventario, movimientos improductivos, no calidad). Eliminando el despilfarro en los procesos productivos, se mejora la calidad y se reducen el tiempo de respuesta y los costes. Los principios clave de la producción ajustada son: Calidad perfecta a la primera, minimización del despilfarro, mejora continua, producción en flujo tirado (*pull flow*) y flexibilidad. Con el caso Ambinet se pone de manifiesto cómo la aplicación de los principios y técnicas de producción ajustada permite mejorar el rendimiento económico de la empresa.

Objetivos

El presente caso permite alcanzar los siguientes objetivos:

- Cuantificar el área financiera para conocer los puntos fuertes y débiles que presenta la empresa y así poder dar soluciones a los problemas presentes. Mediante la aplicación del análisis económico-financiero se hace la evaluación de la situación financiera de la empresa para tomar decisiones que optimicen su rendimiento financiero.

- Profundizar en el análisis y resolución de problemas de diseño de sistemas productivos bajo la perspectiva lean manufacturing. En concreto, se trata de un caso con un enfoque holístico. Para su resolución se precisan diferentes herramientas y técnicas lean.

El caso

La empresa Ambinet S.A., se dedica a la fabricación y venta de ambientadores para el hogar y el automóvil. Aunque no fabrica con marca propia, sus productos son envasados para marcas bien conocidas en este sector y también para cadenas de distribución (supermercados) tipo "Hard Discount".

La empresa, con el CNAE 205, "Fabricación de otros productos químicos" fue creada en 1987 por Francisco Alamán y posteriormente se han ido incorporado al negocio sus dos hijos. Actualmente don Francisco tiene el cargo de gerente mientras que su hija Elvira es la directora del departamento de administración y su hijo Paco del departamento comercial. La plantilla de Ambinet era de 60 personas en el 2011 lo que suponía un aumento del 1,3 % respecto al año anterior siendo el último fichaje Eva Schleker, como directora del departamento de producción.

En los últimos años, aunque la empresa sigue presentando beneficios estos han disminuido de forma preocupante. Don Francisco es consciente que la crisis tanto de la economía del país como del sector en la que está inmersa la empresa, supone un descenso de las ventas y por lo tanto de los beneficios. No obstante, intuye que hay una parte importante de este descenso ocasionado por el ineficiente funcionamiento de la empresa. Por este motivo, y aprovechando que su hija ha acabado un curso sobre dirección financiera, ha pedido a Elvira que analice las cuentas anuales de los dos últimos años para ver qué está pasando. Las cuentas anuales (en euros) del 2011 y del 2010 presentadas al registro mercantil, se encuentran en los anexos.

Su máximo interés se centra en varios puntos que desea controlar:

- ¿Puede pagar la empresa sus deudas a corto plazo? Es importante analizar la liquidez de la empresa así como la política de cobros y pagos que tiene.

- Considerar si es apropiado el tipo de financiación de la empresa.

- ¿Cuánto tiempo tarda la empresa en producir? ¿Es correcto ese plazo? ¿Cuánto tiempo tiene que autofinanciarse la empresa?

- ¿Es buena la rentabilidad de la empresa en relación al sector?

- Además de contestar a las preguntas anteriores, Elvira necesita establecer los puntos débiles de la empresa y posibles soluciones a los problemas que plantea la empresa.

- Puesto que se ha incorporado Eva Schleker como directora en el departamento de operaciones ¿Qué recomendaciones se le pueden hacer después del análisis realizado?

Notas:

- Considerar el año natural.

- Comparar los ratios de la empresa con los ratios del sector extraídos de la Web del Banco de España.

- Tener en cuenta que habrá información que sólo se podrá obtener del año 2011.

Con el fin de mejorar los resultados económicos, la empresa ha contratado a Eva Schleker, titulada en ingeniería técnica química, técnica de calidad de una empresa competidora, y actualmente cursando el Máster Universitario en Ingeniería de Organización. La Sra. Schleker ha decidido hacer un cambio en la estrategia de dirección de operaciones, va a empezar a aplicar las técnicas de producción ajustada (*lean manufacturing*) en el taller de producción. Para implantar su proyecto de cambio ha decidido empezar experimentando en la línea de montaje de ambientadores.

La línea de montaje de ambientadores

En esta línea, el líquido ambientador, que previamente ha sido impregnado en una esponja y envasado al vacío, se introduce manualmente dentro de un envase de plástico compuesto por tres partes (base, rejilla y tapa) para finalmente, guardarlo en una caja de cartón y paletizarlo.

El primer puesto de la línea se encarga de abastecer una tolva de 3 metros de altura. Para ello va a buscar las cajas de producto a un almacén regulador situado a 5 metros de distancia (precisa 180 s).

Cada caja de 1,2 x 1,2 m de base contiene 2000 esponjas impregnadas de perfume que están envasadas al vacío. Esta misma persona acciona el elevador para volcar el contenido de las cajas en el interior de la tolva (150s). En la parte inferior de la tolva, una cinta transportadora lleva el producto hasta el puesto 2. La persona del puesto 1 debe estar siempre disponible para ir llenando la tolva, al mismo tiempo que está pendiente de que la misma no se obstruya (en cuyo caso, realiza una intervención manual).

En el segundo puesto se coloca la esponja en el interior de cada base (3s) (ver figura 1) y se deja sobre una cinta transportadora (1s) que lo llevará hasta el puesto 3. El segundo puesto se autoabastece cuando cree conveniente yendo a buscar un palet con 2000 bases y situándolo a su lado con la ayuda de una transpaleta.

Para saber el tiempo necesario para esta operación, se realizó un cronometraje con los resultados mostrados en la figura 1. Al tiempo normal representativo se le añade un suplemento del 12%.

Tiempo (ºº)	8	9	10	9	10	10	11	11
Actividad (100/133)	120	110	105	105	100	95	95	90
n	1	4	5	7	7	6	3	1

Tabla 1. Estudio de tiempos correspondiente al puesto 2.

De dicho tiempo, debe considerarse que un segundo corresponde al elemento "dejar el subconjunto en la cinta transportadora".

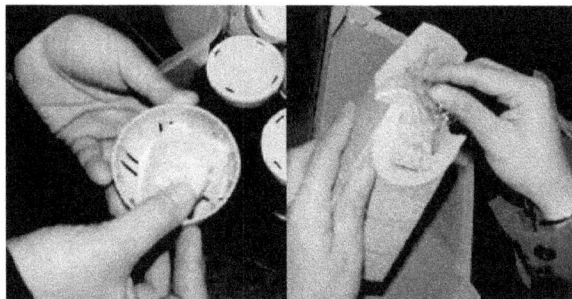

Figuras 1 y 2. Puesto 2 donde se coloca esponja y puesto 5 de encajado respectivamente

El tercer puesto recibe el subconjunto base + esponja del puesto 2 por la cinta transportadora, toma el subconjunto y rosca una rejilla (4s) y lo vuelve a dejar sobre la cinta (1s). Dispone de un palet con 5000 rejillas.

El cuarto puesto toma el subconjunto roscado y clipa sobre él una tapa (3s), vuelve a dejar el conjunto sobre la cinta (1s). A su lado dispone de un palet con 3000 tapas.

El quinto puesto toma el subconjunto, lo introduce en una cajita de cartón (4s) y lo deja de nuevo sobre la cinta (1s). A su lado dispone de un palet con 7000 cajitas plegadas (ver figura 2).

El sexto puesto toma el producto encajado en las pequeñas cajas y las va introduciendo (2s) en una caja expositor que irá a las estanterías del supermercado, de donde lo tomarán los consumidores. En cada caja van 12 unidades. Una vez introducidas, cierra la caja y la introduce en una máquina (2s) de precintar que pega una cinta adhesiva en la parte superior e inferior de la caja. La máquina de precintar tarda 30 segundos en realizar su ciclo. Se deja la caja en el transportador (2s).

Finalmente, el séptimo puesto, ubicado a la salida de la máquina de precinto, toma la caja y la coloca sobre un palet (4s).

Cuando el palet está completo con 24 cajas, el propio operario lleva el palet hasta el almacén de producto acabado situado a 30 metros. Allí lo termina de acondicionar según las especificaciones del cliente y lo deja almacenado. El tiempo necesario para todo este proceso es de 480s, de los cuales 60s son para transporte.

La empresa nos ha suministrado un croquis de la línea de producción (Figura 3).

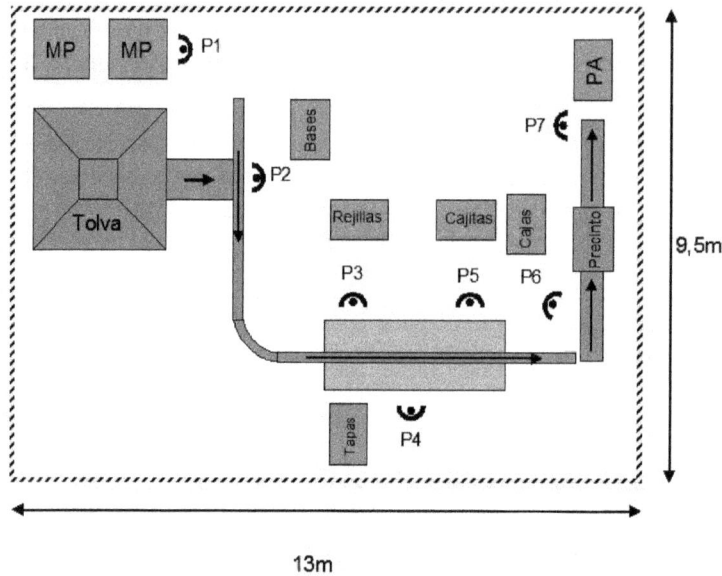

13m

Figura 3. *Layout* del proceso en la situación inicial.

Los siete operarios que actualmente trabajan sobre la línea producen una media de 2800 unidades, en un turno de 7 horas netas (descontados los descansos). La Sra. Schleker (Directora de operaciones) piensa que la productividad viene limitada por paros frecuentes en la tolva y por las ausencias de los empleados de la línea para aprovisionar sus puestos.

El procedimiento de mejora del proceso planteado por la Sra. Schleker consiste en:

- Sobre el puesto de trabajo 2, analizar los resultados del cronometraje: Calcular el tiempo normal representativo y el tiempo tipo. Investigar en Internet si existen programas que facilitan el cálculo del estudio de tiempos. Para el puesto 7, calcular el tiempo tipo por ambientador. Para el puesto 6, utilizar un diagrama de actividades simultáneas (Hombre-Máquina) para optimizar su ejecución.

- Para una mejor comprensión de la problemática del proceso, se plantea elaborar un diagrama de análisis del proceso actual con símbolos ASME.

- Con los valores estándar de cada puesto, elaborar un diagrama de equilibrado de la línea para los puestos 2 a 7. ¿Cuán eficiente es la línea? Calcular el tiempo de ciclo y la capacidad diaria de la línea. ¿Las actividades asíncronas del primer puesto condicionan la capacidad de la línea?

- Con los datos disponibles, para tener algún indicador de las mejoras que se puedan realizar, la Sra. Schleker propone calcular la producción horaria de la línea y compararla con la producción horaria normal teórica. Del mismo modo, calcular la productividad del factor humano en piezas por hora y la productividad diaria por superficie ocupada.

- Para los puestos 5 a 7, tiene que ver si se acumulan inventarios en algún punto. ¿Qué sucede en el séptimo puesto? ¿Qué dispositivo precisa la línea al final? Si dispone de un software adecuado (por ejemplo SIMIO), puede simular el desarrollo del proceso.

- Tras estudiar la filosofía lean, se observa que un elevado número de operaciones del proceso son despilfarro (*muda*) en cada puesto. Debe preparar una lista y justificar por qué.

- El proyecto de rediseño implica definir un nuevo método de trabajo basado en el concepto de producción celular[1] para el que se debe:

  - Elaborar un cronograma donde se han eliminado las operaciones que causan *muda*, alcanzando la misma producción con menos personas (los puestos eventuales se amortizan y los fijos de destinan a otras líneas o a aprovisionamientos). Calcular el takt time, la eficiencia del equilibrado y las nuevas productividades del factor humano y de la superficie.

  - Diseñar a escala 1:20 un nuevo *layout* utilizando un programa de CAD 2D donde se ilustre el diseño de los puestos de trabajo. La tolva y los palets son sustituidos por aprovisionadores dinámicos con cajas de polietileno de 60x40x30cm.

Referencias

[1]Suñé, A., Gil, F., & Arcusa, I. (2004). *Manual práctico de diseño de sistemas productivos*. Ed. Díaz de Santos.

Anexo 1. Balances de situación en euros

BALANCE DE SITUACIÓN		
DESCRIPCIÓN	**Dic 2011**	**Dic 2010**
A) ACTIVO NO CORRIENTE	**1.776.845,29**	**2.147.197,17**
I. Inmovilizado intangible	108.690,50	172.741,06
1. Desarrollo	0,00	0,00
2. Concesiones	0,00	0,00
3. Patentes, licencias, marcas y similares	89.741,27	150.108,14
4. Fondo de comercio	0,00	0,00
5. Aplicaciones informáticas	18.949,23	22.632,92
6. Investigación	0,00	0,00
7. Otro inmovilizado intangible	0,00	0,00
II. Inmovilizado material	1.649.033,28	1.938.102,58
1. Terrenos y construcciones	573.317,00	584.740,11
2. Instalaciones técnicas y otro inmovilizado material	1.075.716,28	1.353.362,47
3. Inmovilizado en curso y anticipos	0,00	0,00
III. Inversiones inmobiliarias	0,00	0,00
1. Terrenos	0,00	0,00
2. Construcciones	0,00	0,00
IV. Invers.en emp.grupo y asoc.a largo plazo	0,00	0,00
1. Instrumentos de patrimonio	0,00	0,00
2. Créditos a empresas	0,00	0,00
3. Valores representativos de deuda	0,00	0,00
4. Derivados	0,00	0,00
5. Otros activos financieros	0,00	0,00
6. Otras inversiones	0,00	0,00
V. Inversiones financieras a largo plazo	19.121,51	19.121,51
1. Instrumentos de patrimonio	0,00	0,00
2. Créditos a empresas	0,00	0,00
3. Valores representativos de deuda	0,00	0,00
4. Derivados	0,00	0,00
5. Otros Activos financieros	19.121,51	19.121,51
6. Otras Inversiones	0,00	0,00
VI. Activos por impuesto diferido	0,00	17.232,02
VII. Deudas comerciales no corrientes	0,00	0,00
B) ACTIVO CORRIENTE	**12.390.522,06**	**5.420.348,74**
I. Activos no corrientes mantenidos para la venta	0,00	0,00
II. Existencias	7.647.958,17	1.686.692,68
1. Comerciales	0,00	0,00
2. Materias primas y otros aprovisionamientos	1.593.845,10	1.004.045,51
3. Productos en curso	921.404,58	215.322,39
4. Productos terminados	5.132.708,49	467.324,78
5. Subproductos, residuos y materiales recuperados	0,00	0,00
6. Anticipos a proveedores	0,00	0,00
III. Deudores comerciales y otras cuentas a cobrar	4.560.693,37	3.481.963,05
1. Clientes por ventas y prestaciones de servicios	4.489.676,25	3.320.007,89
2. Clientes, empresas del grupo y asociadas	0,00	0,00
3. Deudores varios	0,00	0,00
4. Personal	7.426,54	5.589,22
5. Activos por impuesto corriente	63.590,58	156.365,94

BALANCE DE SITUACIÓN

DESCRIPCIÓN	Dic 2011	Dic 2010
6. Otros créditos con las Administraciones Públicas	0,00	0,00
7. Accionistas (socios) por desembolsos exigidos	0,00	0,00
IV. Inversiones en emp.grupo y asoc.a corto plazo	0,00	0,00
1. Instrumentos de patrimonio	0,00	0,00
2. Créditos a empresas	0,00	0,00
3. Valores representativos de deuda	0,00	0,00
4. Derivados	0,00	0,00
5. Otros activos financieros	0,00	0,00
6. Otras inversiones	0,00	0,00
V. Inversiones financieras a corto plazo	105.728,50	3.431,66
1. Instrumentos de patrimonio	105.728,50	3.431,66
2. Créditos a empresas	0,00	0,00
3. Valores representativos de deuda	0,00	0,00
4. Derivados financieros a corto plazo	0,00	0,00
5. Otros activos financieros	0,00	0,00
6. Otras inversiones	0,00	0,00
VI. Periodificaciones a corto plazo	0,00	0,00
VII. Efectivo y otros activos líquidos equivalentes	76.142,02	248.261,35
1. Tesorería	76.142,02	248.261,35
2. Otros activos líquidos equivalentes	0,00	0,00
TOTAL ACTIVO (A+B)	**14.167.367,35**	**7.567.545,91**
A) PATRIMONIO NETO	**992.162,30**	**990.157,00**
A-1) Fondos Propios	992.162,30	990.157,00
I. Capital	467.880,00	467.880,00
1. Capital escriturado	467.880,00	467.880,00
2. (Capital no exigido)	0,00	0,00
II. Prima de emisión	0,00	0,00
III. Reservas	522.277,00	486.986,48
1. Legal y estatutarias	54.892,14	51.363,09
2. Otras reservas	467.384,86	435.623,39
IV. (Acciones y particip.en patrimonio propias)	0,00	0,00
V. Resultados de ejercicios anteriores	0,00	0,00
1. Remanente	0,00	0,00
2. (Resultados negativos de ejercicios anteriores)	0,00	0,00
VI. Otras aportaciones de socios	0,00	0,00
VII. Resultados ejercicio	2.005,30	35.290,52
VIII. (Dividendo a cuenta)	0,00	0,00
IX. Otros instrumentos de patrimonio	0,00	0,00
A-2) Ajustes por cambio de valor	0,00	0,00
I. Activos financieros disponibles para la venta	0,00	0,00
II. Operaciones de cobertura	0,00	0,00
III. Activos no ctes. y pasivos vincul.manten.venta	0,00	0,00
IV. Diferencias de conversión	0,00	0,00
V. Otros	0,00	0,00
A-3) Subvenciones, donaciones y legados recibidos	0,00	0,00

BALANCE DE SITUACIÓN

DESCRIPCIÓN	Dic 2011	Dic 2010
B) PASIVO NO CORRIENTE	**7.494.762,01**	**1.201.738,37**
I. Provisiones a largo plazo	0,00	0,00
1. Obligaciones por prestaciones a largo plazo al personal	0,00	0,00
2. Actuaciones medioambientales	0,00	0,00
3. Provisiones por reestructuración	0,00	0,00
4. Otras provisiones a largo plazo	0,00	0,00
II. Deudas a largo plazo	7.494.762,01	1.201.738,37
1. Obligaciones y otros valores negociables a largo plazo	0,00	0,00
2. Deudas con entidades de crédito a largo plazo	810.165,55	171.299,80
3. Acreedores por arrendamiento financiero a largo plazo	89.569,98	217.412,12
4. Derivados a largo plazo	582.856,97	788.383,20
5. Otros pasivos financieros a largo plazo	6.012.169,51	24.643,25
III. Deudas con empresas del grupo y asoc.a largo plazo	0,00	0,00
IV. Pasivos por impuesto diferido	0,00	0,00
V. Periodificaciones a largo plazo	0,00	0,00
VI. Acreedores comerciales no corrientes	0,00	0,00
VII. Deudas con características especiales a largo plazo	0,00	0,00
C) PASIVO CORRIENTE	**5.680.443,04**	**5.375.650,54**
I. Pasivos vinc.con activos no corr.manten.para la venta	721,72	39.047,58
II. Provisiones a corto plazo	0,00	0,00
III. Deudas a corto plazo	2.125.213,03	2.846.915,19
1. Obligaciones y otros valores negociables a corto plazo	0,00	0,00
2. Deudas con entidades de crédito a corto plazo	1.731.788,01	2.846.915,19
3. Acreedores por arrendamiento financiero a corto plazo	22.236,38	0,00
4. Derivados a corto plazo	371.188,64	0,00
5. Otros pasivos financieros	0,00	0,00
IV. Deudas con empresas del grupo y asociadas a corto plazo	0,00	0,00
V. Acreedores comerciales y otras cuentas a pagar	3.554.508,29	2.489.687,77
1. Proveedores	2.570.023,80	1.515.363,76
2. Proveedores, empresas del grupo y asociadas	0,00	0,00
3. Acreedores varios a corto plazo	835.537,42	664.983,26
4. Personal (remuneraciones pendientes de pago)	52.164,15	75.191,82
5. Pasivos por impuesto corriente	0,00	0,00
6. Otras deudas con las Administraciones Públicas.	96.782,92	234.148,93
7. Anticipos de clientes.	0,00	0,00
VI. Periodificaciones a corto plazo	0,00	0,00
VII. Deudas con características especiales a corto plazo	0,00	0,00
TOTAL PATRIMONIO NETO Y PASIVO (A+B+C)	**14.167.367,35**	**7.567.545,91**

Anexo 2. Cuentas de resultados en euros

CUENTA DE PÉRDIDAS Y GANANCIAS

DESCRIPCIÓN	Dic.-11	Dic.-10
A) OPERACIONES CONTINUADAS		
1. Importe neto de la cifra de negocios.	14.954.994,18	13.146.759,05
a) Ventas.	14.954.994.18	13.146.759.05
b) Prestaciones de servicios.	0,00	0,00
2. Variac. de existenc. prod.termin y en curso de fabric.	-450.534,10	-385.509,12
3. Trabajos realizados por la empresa para su activo.	0,00	0,00
4. Aprovisionamientos.	-4.317.065,71	-4.273.090,78
a) Consumo de mercaderías.	0,00	0,00
b) Consumo de materias primas y otras materias consumibles.	-4.317.065.71	-4.273.090.78
c) Trabajos realizados por otras empresas.	0,00	0,00
d) Deterioro de mercaderías, mat. primas y otros aprovisión.	0,00	0,00
5. Otros ingresos de explotación.	0,00	6,00
a) Ingresos accesorios y otros de gestión corriente.	0,00	6.00
b) Subvenciones de explot. incorporadas al resultado del ejerc.	0,00	0,00
6. Gastos de personal.	-2.875.387,80	-3.211.038,41
a) Sueldos, salarios y asimilados.	-2.386.938.76	-2.659.736.93
b) Cargas sociales.	-488.449.04	-551.301.48
c) Provisiones.	0,00	0,00
7. Otros gastos de explotación.	-6.138.705,48	-4.371.550,84
a) Servicios exteriores.	-6.094.254.32	-4.319.850.28
b) Tributos.	-40.647.74	-50.683,70
c) Pérdidas, deterioro y variac. de provis.por oper. ciales.	-3.803.42	-1.016.86
d) Otros gastos de gestión corriente.	0,00	0,00
8. Amortización del inmovilizado.	-420.366,05	-298.601,98
9. Imputación de subvenciones de inmov. financ y otras.	0,00	0,00
10. Excesos de provisiones.	0,00	0,00
11. Deterioro y resultado por enajenac. del inmovilizado.	182.032,60	-253.221,10
a) Deterioro y pérdidas.	0,00	0.00
b) Resultados por enajenaciones y otras.	182.032.60	-253.221.10
12. Diferencia negativa de combinaciones de negocio.	0,00	0,00
13. Otros resultados.	-48.589,99	-15.463,49
A.1) RESULTADO DE EXPLOTACIÓN. (1 a 13)	**886.377,65**	**338.289,33**
14. Ingresos financieros.	6,51	0,00
a) De participaciones en instrumentos de patrimonio.	0,00	0,00
a1) En empresas del grupo y asociadas.	0,00	0,00
a2) En terceros.	0,00	0,00
b) De valores negociables y otros instrumentos financieros	6,51	0,00

CUENTA DE PÉRDIDAS Y GANANCIAS

DESCRIPCIÓN	Dic.-11	Dic.-10
b1) De empresas del grupo y asociadas.	0,00	0,00
b2) De terceros.	6,51	0,00
c) Imputac.subvenc. donac.y legados de carácter financiero	0,00	0,00
15. Gastos financieros.	-694.820,71	-280.622,73
a) Por deudas con empresas del grupo y asociadas.	-694.820,71	-280.622,73
b) Por deudas con terceros.	0,00	0,00
c) Por actualización de provisiones.	0,00	0,00
16. Variación de valor razonable en instrum. financieros.	0,00	0,00
a) Cartera de negociación y otros.	0,00	0,00
b) Imputación al resultado del ejerc.por act.financ.disp.venta.	0,00	0,00
17. Diferencias de cambio.	-27.681,95	860,32
18. Deterioro y result. por enajenac. de instrum. financ.	0,00	0,00
a) Deterioro y pérdidas.	0,00	0,00
b) Resultados por enajenaciones y otras.	0,00	0,00
19. Otros ingresos y gastos de carácter financiero	0,00	0,00
a) Incorporación al activo de gastos financieros.	0,00	0,00
b) Ingresos financieros derivados de convenios de acreedores.	0,00	0,00
c) Resto de ingresos y gastos.	0,00	0,00
A.2) RESULTADO FINANCIERO. (14+15+16+16+17+18+19)	-722.496,15	-279.762,41
A.3) RESULTADO ANTES DE IMPUESTOS. (A.1+A.2)	163.881,50	58.526,92
20. Impuestos sobre beneficios.	-161.876,20	-23.236,40
A.4) RESULT. EJERC. DE OPER. CONTINUAD. (A.3+20)	2.005,30	35.290,52
B) OPERACIONES INTERRUMPIDAS		
21. Resultado del ejerc. de oper. interrump. neto de impt.	0,00	0,00
A.5) RESULTADO DEL EJERCICIO. (A.4+21)	2.005,30	35.290,52

Anexo 3. Estados de tesorería

ESTADO DE LOS FLUJOS DE EFECTIVO

DESCRIPCIÓN	Dic.-2011	Dic.-2010
A) FLUJOS DE EFECTIVO DE LAS ACTIV. DE EXPLOTACIÓN.		
1.Resultado del ejercicio antes de impuestos.	117.522,94	
2. Ajustes del resultado.	964.633,02	0,00
a) Amortización del Inmovilizado (+).	420.366,05	0,00
b) Correcciones valorativas por deterioro (+/-).	3.803,42	0,00
c) Variación de provisiones (+/-).	0,00	0,00
d) Imputación de subvenciones (-).	0,00	0,00
e) Resultados por bajas y enajenaciones del inmovilizado (+/-).	-182.032,60	0,00
f) Resultados por bajas y enajenaciones de instrumentos financieros (+/-).	0,00	0,00
g. Ingresos financieros (-).	-6,51	0,00
h) Gastos financieros (+).	694.820,71	0,00
i) Diferencias de cambio (+/-).	27.681,95	0,00
j) Variación de valor razonable en instrumentos financieros (+/-).	0,00	0,00
k) Otros ingresos y gastos (-/+).	0,00	0,00
3. Cambios en el capital corriente.	-6.071.754,07	0,00
a) Existencias (+/-).	-5.961.265,49	0,00
b) Deudores y otras cuentas a cobrar (+/-).	-1.175.309,10	0,00
c) Otros activos corrientes (+/-).	0,00	0,00
d) Acreedores y otras cuentas a pagar (+/-).	1.064.820,52	0,00
e) Otros pasivos corrientes (+/-).	0,00	0,00
f) Otros activos y pasivos no corrientes (+/-).	0,00	0,00
4. Otros flujos de efectivo de las actividades de explotación.	-5.510,26	0,00
a) Pagos de intereses (-)	0,00	0,00
b) Cobros de dividendos (+).	0,00	0,00
c) Cobros de intereses (+).	0,00	0,00
d) Pagos (cobros) por impuesto sobre beneficios (-/+).	-5.510,26	0,00
e) Otros pagos (cobros) (-/+).	0,00	0,00
5. Flujos de efectivo de las activ. de explotación (+/-1+/-2+/-3+/-4)	-4.995.108,37	0,00
B) FLUJOS DE EFECTIVO DE LAS ACTIV. DE INVERSIÓN.	Dic.-2011	Dic.-2010
6. Pagos por inversiones (-).	-169.543,03	0,00
a) Empresas del grupo y asociadas.	0,00	0,00
b) Inmovilizado intangible.	64.050,56	0,00
c) Inmovilizado material.	-131.296,75	0,00
d) Inversiones inmobiliarias.	0,00	0,00
e) Otros activos financieros.	-102.296,84	0,00
f) Activos no corrientes mantenidos para venta.	0,00	0,00
g) Unidad de negocio.	0,00	0,00
h) Otros activos.	0,00	0,00

ESTADO DE LOS FLUJOS DE EFECTIVO

DESCRIPCION	Dic.-2011	Dic.-2010
7.Cobros por desinversiones (+).	0,00	0,00
a) Empresas del grupo y asociadas.	0,00	0,00
b) Inmovilizado intangible.	0,00	0,00
c) Inmovilizado material.	0,00	0,00
d) Inversiones inmobiliarias.	0,00	0,00
e) Otros activos financieros.	0,00	0,00
f) Activos no corrientes mantenidos para venta.	0,00	0,00
g) Unidad de negocio.	0,00	0,00
h) Otros activos.	0,00	0,00
8. Flujos de efectivo de las actividades de inversión (7-6).	-169.543,03	0,00
C) FLUJOS DE EFECTIVO DE LAS ACTIV. DE FINANCIACIÓN.	**Dic.-2011**	**Dic.-2010**
9. Cobros y pagos por instrumentos de patrimonio.	954.866,48	0,00
a) Emisión de instrumentos de patrimonio (+).	954.866,48	0,00
b) Amortización de instrumentos de patrimonio (-).	0,00	0,00
c) Adquisición de instrumentos de patrimonio propio (-).	0,00	0,00
d) Enajenación de instrumentos de patrimonio propio (+).	0,00	0,00
e) Subvenciones, donaciones y legados recibidos (+).	0,00	0,00
f) Otras aportac. de socios y otros inst. de patrimonio (+/-).	0,00	0,00
10. Cobros y pagos por instrumentos de pasivo financiero.	3.870.289,02	0,00
a) Emisión.	3.870.289,02	0,00
1) Obligaciones y valores negociables (+).	0,00	0,00
2) Deudas con entidades de crédito (+).	3.018.214,99	0,00
3) Deudas con empresas del grupo y asociadas (+).	0,00	0,00
4) Otras deudas (+).	852.074,03	0,00
b) Devolución y amortización de	0,00	0,00
1) Obligaciones y valores negociables (-).	0,00	0,00
2) Deudas con entidades de crédito (-).	0,00	0,00
3) Deudas con empresas del grupo y asociadas (-).	0,00	0,00
4) Otras deudas(-).	0,00	0,00
11. Pagos por dividendos y remunerc. de otros instrum. financ.	0,00	0,00
a) Dividendos (-).	0,00	0,00
b) Remuneración de otros instrumentos de patrimonio (-).	0,00	0,00
12. Flujos de efectivo de las activ. de financiación (+/-9+/-10-11).	4.825.155,50	0,00
D) Efecto de las variaciones de los tipos de cambio	**0,00**	**0,00**
E) AUMENTO / DISMINUCIÓN NETA DEL EFECTIVO O EQUIVALENTES (+/-5+/-8+/-12+/-D)	**-339.495,90**	**0,00**
Efectivo o equivalentes al comienzo del ejercicio.	248.261,35	0,00
Efectivo o equivalentes al final del ejercicio.	76.142,02	0,00

Anexo 4. Cambios Patrimonio neto en euros

ESTADO DE CAMBIOS EN EL PATRIMONIO NETO

B) ESTADO TOTAL DE CAMBIOS EN EL PATRIMONIO NETO (Modelo Normal)

CONCEPTOS	Cap.Esc.	Cap.N.E.	P.Emis.	Reservas	(Acc.Pr.)	R.Ej.Ant	Ot.Ap.So	Res.Ejer	Div.a cta	Otr.Ins.P	Aj.camb.	Subvenc.	TOTAL
A) SALDO FINAL EJERCICIO "													
I) Ajustes por cambio de criterio del ejercicio " y ant.													
II) Ajustes por errores del ejercicio " y anteriores													
B) SALDO AJUSTADO INICIO DEL EJERC. '2010'													
I) Total ingresos y gastos reconocidos								35290.52					35290.52
II) Operaciones con socios y propietarios													
1) Aumentos de Capital	467880.00												467880.00
2) (-) Reducciones de capital													
3) Conversión pasivos financieros en patrimonio neto													
4) (-) Distribución de dividendos													
5) Operaciones con acciones propias													
6) Incremento de patrimonio neto resultante de comb de neg													
7) Otras operaciones con socios y propietarios													
III) Otras variaciones de patrimonio neto				486986.48		-486986.48							
C) SALDO FINAL EJERCICIO '2010'	467880.00			486986.48				35290.52					990157.00
I) Ajustes por cambio de criterio del ejercicio '2010'													
II) Ajustes por errores del ejercicio '2010'													
D) SALDO AJUSTADO INICIO DEL EJERC. '2011'	467880.00			486986.48		35290.52							990157.00
I) Total ingresos y gastos reconocidos								2005.30					2005.30
II) Operaciones con socios y propietarios													
1) Aumentos de Capital													
2) (-) Reducciones de capital													
3) Conversión pasivos financieros en patrimonio neto													
4) (-) Distribución de dividendos													
5) Operaciones con acciones propias													
6) Incremento de patrimonio neto resultante de comb de neg													
7) Otras operaciones con socios y propietarios													
III) Otras variaciones de patrimonio neto				35290.52		-35290.52							
E) SALDO FINAL EJERCICIO '2011'	467880.00			522277.00				2005.30					992162.30

Anexo 5. Ratios: Pirámide de ratios financieros

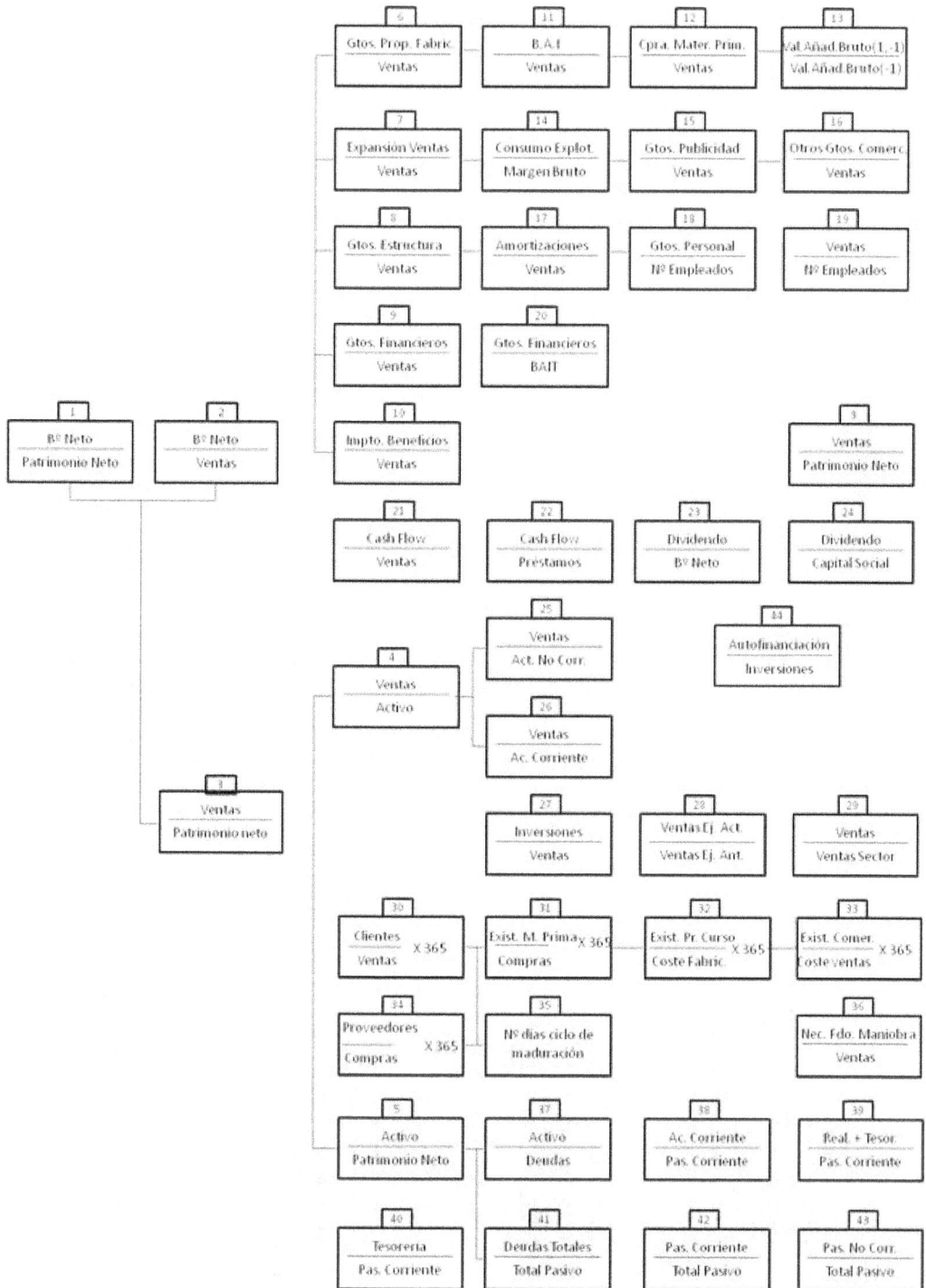

6 — $\dfrac{\text{Gtos. Prop. Fabric.}}{\text{Ventas}}$

11 — $\dfrac{\text{B.A.I}}{\text{Ventas}}$

12 — $\dfrac{\text{Cpra. Mater. Prim.}}{\text{Ventas}}$

13 — $\dfrac{\text{Val. Añad. Bruto}(1,-1)}{\text{Val. Añad. Bruto}(-1)}$

7 — $\dfrac{\text{Expansión Ventas}}{\text{Ventas}}$

14 — $\dfrac{\text{Consumo Explot.}}{\text{Margen Bruto}}$

15 — $\dfrac{\text{Gtos. Publicidad}}{\text{Ventas}}$

16 — $\dfrac{\text{Otros Gtos. Comerc.}}{\text{Ventas}}$

8 — $\dfrac{\text{Gtos. Estructura}}{\text{Ventas}}$

17 — $\dfrac{\text{Amortizaciones}}{\text{Ventas}}$

18 — $\dfrac{\text{Gtos. Personal}}{\text{N\textordmasculine\ Empleados}}$

19 — $\dfrac{\text{Ventas}}{\text{N\textordmasculine\ Empleados}}$

9 — $\dfrac{\text{Gtos. Financieros}}{\text{Ventas}}$

20 — $\dfrac{\text{Gtos. Financieros}}{\text{BAIT}}$

1 — $\dfrac{\text{B\textordmasculine\ Neto}}{\text{Patrimonio Neto}}$

2 — $\dfrac{\text{B\textordmasculine\ Neto}}{\text{Ventas}}$

10 — $\dfrac{\text{Impto. Beneficios}}{\text{Ventas}}$

3 — $\dfrac{\text{Ventas}}{\text{Patrimonio Neto}}$

21 — $\dfrac{\text{Cash Flow}}{\text{Ventas}}$

22 — $\dfrac{\text{Cash Flow}}{\text{Préstamos}}$

23 — $\dfrac{\text{Dividendo}}{\text{B\textordmasculine\ Neto}}$

24 — $\dfrac{\text{Dividendo}}{\text{Capital Social}}$

25 — $\dfrac{\text{Ventas}}{\text{Act. No Corr.}}$

44 — $\dfrac{\text{Autofinanciación}}{\text{Inversiones}}$

4 — $\dfrac{\text{Ventas}}{\text{Activo}}$

26 — $\dfrac{\text{Ventas}}{\text{Ac. Corriente}}$

27 — $\dfrac{\text{Inversiones}}{\text{Ventas}}$

28 — $\dfrac{\text{Ventas Ej. Act.}}{\text{Ventas Ej. Ant.}}$

29 — $\dfrac{\text{Ventas}}{\text{Ventas Sector}}$

1 — $\dfrac{\text{Ventas}}{\text{Patrimonio neto}}$

30 — $\dfrac{\text{Clientes}}{\text{Ventas}} \times 365$

31 — $\dfrac{\text{Exist. M. Prima}}{\text{Compras}} \times 365$

32 — $\dfrac{\text{Exist. Pr. Curso}}{\text{Coste Fabric.}} \times 365$

33 — $\dfrac{\text{Exist. Comer.}}{\text{Coste Ventas}} \times 365$

34 — $\dfrac{\text{Proveedores}}{\text{Compras}} \times 365$

35 — $\text{N\textordmasculine\ días ciclo de maduración}$

36 — $\dfrac{\text{Nec. Fdo. Maniobra}}{\text{Ventas}}$

5 — $\dfrac{\text{Activo}}{\text{Patrimonio Neto}}$

37 — $\dfrac{\text{Activo}}{\text{Deudas}}$

38 — $\dfrac{\text{Ac. Corriente}}{\text{Pas. Corriente}}$

39 — $\dfrac{\text{Real. + Tesor.}}{\text{Pas. Corriente}}$

40 — $\dfrac{\text{Tesorería}}{\text{Pas. Corriente}}$

41 — $\dfrac{\text{Deudas Totales}}{\text{Total Pasivo}}$

42 — $\dfrac{\text{Pas. Corriente}}{\text{Total Pasivo}}$

43 — $\dfrac{\text{Pas. No Corr.}}{\text{Total Pasivo}}$

Desglose de los ratios principales a utilizar

- Gastos proporcionales de Fabricación: Ratio 6 y 12.

- Gastos proporcionales de Comercialización: Ratio 16.

- Gastos proporcionales de Administración: 9 y 20.

- Expansión de Ventas y Competencia: Ratio 7, 11, 28 y 29.

- Flujo de Caja y Autofinanciación: Ratios 21 al 24 y 44.

- Evolución del valor añadido bruto: Ratio 13.

- Ratio Política de Inversiones: Ratio 27.

- Apalancamiento: Ratio 5.

- Efecto fiscal: Ratio 10.

- Endeudamiento: Ratios 37, 41, 42, 43 y 44.

- Liquidez: Ratios 38 al 40.

- Rotación del Activo Circulante: Ratio 26.

- Rotación del Activo Fijo: Ratio 25.

- Ciclo de Maduración: Ratios 30 al 35.

- Necesidades de Fondo de Maniobra: Ratio 36

01 Bº Neto/ Patrimonio Neto	02 Bº Neto/Ventas
03 Ventas/Patrimonio Neto	04 Ventas/Activo
05 Activo/Patrimonio Neto	06 Gastos proporcionales o variables de fabricación /Ventas
08 Gastos Estructura o fijos /Ventas	09 Gastos Financieros/Ventas
11 BAI.(BAT) /Ventas,	12 Compra Materias Primas/Ventas
14 Consumos Explotación./Margen Bruto	18 Gastos de Personal / Nº Empleados
19 Ventas/Nº Empleados,	20 Gastos Financieros /BAII
21 Cash Flow económico/Ventas,	22 Cash Flow económico /Préstamos Recibidos
30 Clientes/ Ventas * 365	31 Existencias Materias Primas/Compras * 365
32 Existencias Producto Curso/Coste Fabricación. * 365	33 Existencias comerciales./Coste Ventas * 365
34 Proveedores/Compras +IVA*365	35 Nº días ciclo de maduración
37 Activo/Deudas Totales	38 Activo Corriente/ Pasivo Corriente
39 Realizable.+ Tesorería./Pasivo Corriente	40 Tesorería/Pasivo Corriente
41 Deudas Totales/Total Pasivo	42 Pasivo Corriente/Total Pasivo

Caso Cabins Buffer

Jaume Figueras, Antoni Guasch, Albert Suñé

Asignaturas involucradas

- Automatización de procesos
- Dirección de operaciones

Introducción

Un buffer o pulmón es un inventario en curso utilizado para almacenar temporalmente el producto desde que sale de un proceso (proceso proveedor) hasta que es utilizado por el proceso siguiente (proceso cliente). El material localizado en un buffer debe estar siempre disponible para ser utilizado por el proceso cliente. La existencia de un buffer está justificada cuando los procesos proveedor y cliente trabajan a ritmos distintos o están sujetos a interrupciones del flujo. Creando un inventario en curso, es posible amortiguar la falta de regularidad en el flujo, aumentando el *output* final. La utilización del inventario en un breve periodo de tiempo, desaconseja desplazar este material a ubicaciones de inventario como almacenes, por lo que es importante dimensionar la cantidad máxima permitida en el buffer y reservar un espacio adecuado para su utilización entre los dos procesos consecutivos.

En el caso Cabins Buffer es posible analizar los efectos que tiene la creación de un buffer entre dos procesos consecutivos (proveedor-cliente). Variando la cantidad de unidades en curso, se pueden mejorar los resultados del *output* generado. Las técnicas de simulación permiten obtener la cantidad óptima de unidades contenidas en el buffer.

El caso Cabins Buffer

Un proceso de barnizado de piezas de madera está formado por dos cabinas de pintura exactamente iguales que trabajan en serie. La primera cabina da a las piezas una capa de imprimación y la segunda cabina aporta la capa de barniz. No es necesario el secado de la imprimación entre ambas etapas. El tiempo de proceso de cada cabina sigue una distribución triangular de parámetros 0.5, 1 y 1.5 minutos. Ambas cabinas están dotadas de un brazo robotizado con una pistola por aire comprimido. Estas máquinas están sujetas a un ritmo de averías con un tiempo de funcionamiento entre averías que sigue una distribución exponencial de media 60 minutos y un tiempo de reparación que sigue una triangular de parámetros 5, 10 y 15 minutos.

En el modelo Simio adjunto (ProcesoEquilibrado) se destaca:

- La llegada de piezas se ha configurado de tal forma que siempre hay una pieza pendiente de procesar en la entrada de la cabina 1. Es decir, nunca tendremos pérdidas de producción por falta de materias primas.

- En las propiedades de ReliabilityLogic de los Servers (Maquina1 y Maquina2) se observa la especificación de las averías.

- En la Máquina1 el Output Buffer está a 0. Es decir, no hay espacio para almacenamiento en la salida de la cabina 1.

- En la Máquina2 el Input Buffer está inicialmente a 100. Es decir, se ha reservado espacio e infraestructura de almacenamiento para 100 piezas en curso entre ambas cabinas.

El objetivo del estudio es analizar si podemos reducir el tamaño del Input Buffer para ahorrar espacio entre ambas etapas del proceso. Para ello se propone, para 600 horas de trabajo:

a) Calcular la producción teórica con el supuesto de que el sistema no tiene averías.

b) Calcular la producción teórica teniendo en cuenta las pérdidas de producción por averías.

c) Evaluar, por simulación, la producción con capacidad Infinita en el Input Buffer de la Máquina2.

d) Evaluar, por simulación, la producción para las siguientes capacidades del Input Buffer de la Maquina2: 100, 50, 25, 12, 6, 3, 2, 1, 0.

e) Obtener la Red de Petri para la configuración en la que el Input Buffer de la Maquina2 tiene capacidad 3 y la Red de Petri para la configuración en la que no hay Input Buffer en la entrada de la Máquina2, es decir, la pieza pasa directamente de la cabina 1 a la cabina 2.

Está prevista una actualización de los brazos robotizados que modificará el régimen de averías. El nuevo régimen de averías tendrá un tiempo de funcionamiento entre averías que sigue una distribución exponencial de media 60 segundos y un tiempo de reparación que sigue una triangular de parámetros 5, 10 y 15 segundos. El rendimiento global de las máquinas es el mismo pero existe preocupación por el impacto que pueda tener sobre la capacidad necesaria en el Input Buffer de la cabina 2. Por tanto, se propone repetir todos los cálculos y simulaciones anteriores para este nuevo régimen de averías.

Comentar y justificar los resultados obtenidos. Rellenar la siguiente tabla con los valores de producción para cada caso, la primera fila para el régimen inicial de averías y la segunda para el nuevo régimen:

	a)	b)	c)	100	50	25	12	6	3	2	1	0

Tabla 1. Tabla valores de producción por caso.

Los valores de producción se obtienen directamente del Status Label "Piezas procesadas" que hay en el modelo.

Caso Romans S.A.

Mercedes García-Parra, Vicenç Fernández, Oriol Lordan

Asignaturas involucradas

- Dirección financiera
- Desarrollo de sistemas de información

La Empresa Roman S.A. dedicada a la venta de tabaco con CNAE: 472 presenta el siguiente listado de cuentas que forman el Balance final del año 2011:

Cuenta	Importe (um)	Cuenta	Importe (um)
Existencias (*)	10.000	Clientes	12.000
Proveedores	5.000	Resultado ejercicio 20X0 (BN)	3.000
Maquinaria	6.000	Capital	17.000
Tesorería	3.000	Préstamo a largo Plazo (**)	2.100
Terrenos	2.000	Amortización acumulada Inmovilizado	2.000
Reservas	3.600	OSSA	100
HP acreedora (IRPF)	100	HP acreedora (impto sociedades)	100

Tabla 1. Cuentas del Balance 2011

(*) Las existencias están valoradas por el sistema de Precio Medio Ponderado, con el siguiente desglose:

- 1ª existencias compradas en 2011: 100 uf a 50 um/uf
- 2ª existencias compradas en 2011: 50 uf a 100 um/uf

(**) El interés de dicho préstamo es del 5% anual y el principal se pagará en su totalidad en 2015.

El Gerente se ha reunido con el jefe de Administración para hacer una previsión de las operaciones que realizará la empresa en el ejercicio 2012. Después de la reunión se determina que las operaciones principales serán:

a) Se cobrarán /pagarán los saldos pendientes de las deudas de activo y pasivo corriente del año 2011.

b) Los terrenos se venderán al contado, el 1 de abril, por 1.955 um.

c) Se comprarán, el 10 de noviembre del 2012, 100 unidades de mercaderías a 200 um/uf. El plazo de pago es de 90 días.

d) El gasto de personal bruto de todo el ejercicio será de 1.900 um. La seguridad social asciende a 700 um (esta cifra incluye 500um de Seg. Social a cargo de la empresa y 200 um a cargo del trabajador) y la retención por IRPF de 300 um. La empresa pagará en el 2012 sólo el salario neto de los trabajadores el resto se deja a deber.

e) Los suministros, pagaderos al contado, ascienden a 100 um

f) Se venderá, el 1 de diciembre del 2012, 200 unidades de mercaderías a 300um/uf. Se cobrará a 36 días.

g) Se distribuirá el beneficio del 2011 de la siguiente forma: 50% dividendos, el resto a reservas.

h) Las amortizaciones se efectúan al 10% sin valor residual.

Con esta información el jefe de administración debe presentar los documentos contables para posteriormente poder estudiar la situación de la empresa. Así pues el planning de trabajo a realizar será:

1. Ordenar el balance inicial según el PGC.

2. Cuenta de Resultados ordenada del ejercicio 2012 después de considerar el impuesto de sociedades del 30%.

3. Estado de Tesorería del año 2012.

4. Balance de situación (considerando el beneficio neto) ordenado a 31-12- 2012.

Ahora, la empresa ROMAN, SA ha decidido contratar a una empresa para el desarrollo de un sistema de información que le gestione toda la información financiera de una forma sencilla y clara. Para ello es necesario realizar un estudio de necesidades para obtener el modelo de datos y el modelo de procesos del futuro sistema de información.

Para ello, se pide:

Sobre el modelo de datos

5. Identificar las entidades del sistema.

6. Definir identificadores para cada entidad del sistema.

7. Dibujar el modelo de datos de relaciones entre entidades, incluyendo orden y cardinalidad.

8. Identificar los atributos de datos.

9. Asignar los atributos de datos a las entidades del sistema.

10. Normalizar el modelo de datos del sistema, a partir de los tres niveles existentes.

Nota 1: Para identificar las entidades, debemos de considerar: (1) la posibilidad de gestionar varios años, (2) la estructura de cuentas del enunciado, (3) las posibles anotaciones -ver asteriscos de la tabla- del año en vigor, y (4) las personas que tienen permisos para interactuar con el sistema.

Nota 2: A la hora de considerar los atributos de datos de cada entidad, tener presente la estructura de asientos contables de acuerdo con el Plan Nacional Contable.

Sobre el modelo de procesos

11. Elaborar un diagrama de flujo de datos contextual, en donde aparezcan los agentes externos que introducen o reciben información del sistema de información.

12. Representar un diagrama de descomposición funcional, en subsistemas y funciones.

13. Identificar eventos-respuesta, indicando los flujos de datos que intervienen.

14. Representar un diagrama descomposición de eventos, a partir de cada subsistema y función.

15. Desarrollar los diagramas de evento correspondientes.

16. Construir un diagrama de flujos de datos del sistema, a partir de la composición de todos los diagramas de evento.

17. Desarrollar los diagramas de flujos de datos primigenios más esenciales teniendo en cuenta los objetivos del sistema de información.

Nota 3: Considerar todos los procesos de gestión de accesos al sistema de información.

Nota 4: Considerar todas las posibles entradas de datos a partir de las operaciones enumeradas por el Gerente de la empresa en el enunciado.

Nota 5: Considerar todas las posibles salidas de datos a partir de las preguntas del enunciado en las secciones anteriores.

Caso Jason Internacional S.A.

Mercedes García-Parra, Anna Solans

Asignaturas involucradas

- Dirección financiera
- Dirección comercial

Introducción

Las cuentas anuales son los informes que realizan las empresas cada año, para su presentación en el Registro Mercantil como límite el 30 de Julio (de cada año), con el fin de reportar la situación económica y financiera de la empresa así como los cambios que experimenta su economía en un ejercicio económico.

La presentación de las cuentas anuales es de carácter informativo, y resulta de gran utilidad a los interesados en el estado financiero de la empresa, ya sean los propietarios, los accionistas, los acreedores...

Las cuentas anuales está compuestas (según el PGC de las PYMES) por:

- Balance de situación.
- Cuenta de pérdidas y ganancias.
- Estado de cambios en el patrimonio neto.
- Estado de flujos de efectivo (optativo en las PYMES).
- Memoria.

El Balance de situación informará sobre el patrimonio de la empresa – la riqueza- y estará formado por Activo, Pasivo y Patrimonio Neto.

La cuenta de resultados nos presentará los ingresos y gastos del ejercicio, es decir, la renta obtenida.

El Estado de cambios en el patrimonio neto, cuya misión es informar sobre la garantía patrimonial de la sociedad para que los inversores y acreedores de la entidad.

El estado de flujos de efectivo nos muestra la liquidez de la empresa, es decir, cobros y pagos del año (documento voluntario para las PYMES).

Por último se encuentra la memoria cuya finalidad es la de complementar, ampliar y explicar el contenido del Balance y la Cuenta de Pérdidas y Ganancias. También puede contener otra información no incluida en los apartados anteriores.

En la asignatura de Dirección financiera se explicará en detalle los documentos mencionados así como el conjunto de herramientas para el análisis económico financiero de la empresa, mientras que en la asignatura de Dirección comercial, se centrará en los productos que comercializa la empresa para poder afrontar con éxito los permanentes cambios del mercado.

El caso Jason Internacional

Alonso, jefe de contabilidad de la empresa "Jason Internacional, SL" anda un poco preocupado estos días pues un virus informático que ha entrado inadvertidamente a través del correo electrónico en la Intranet de la empresa. El virus ha destruido varios archivos maestros de la contabilidad del periodo 2012 recién concluido, del que tiene que presentar las Cuentas Anuales para su aprobación así como el Informe Económico – Financiero de la situación de la empresa.

Gracias a su memoria, el Sr. Alonso recuerda una serie de datos necesarios para la reconstrucción de los documentos:

La empresa es una sociedad limitada constituida el 1- marzo -2009 por dos socios que aportaron dinero y un terreno. En los estatutos de la sociedad se determinó que, como mínimo, durante los ocho primeros años y siempre que hubiera beneficios, estos se destinarían a reservas. Para evitar problemas de liquidez, el mismo año de la constitución de la sociedad se consiguió un préstamo a 10 años con un periodo de carencia de 6 años y unos intereses del 8% anual.

Jason Internacional es una empresa comercial dedicada a la venta de tres productos A, B y C. Las ventas totales de los tres productos no presentan estacionalidad y se cobran a 45 días, por lo que a la fecha de 31 de diciembre faltaba por cobrar el 12,5% de total de facturación del año, mientras que de las compras de mercaderías realizadas se desconoce lo que falta por pagar (a 31 diciembre 2012) del total anual.

Los costes de explotación de la empresa lo constituyen los costes directos (formados exclusivamente por el coste de material vendido) y los costes fijos (formados por personal, suministros y amortizaciones).

Para desarrollar su actividad, la empresa se había planteado la construcción de un local en el terreno propiedad de la sociedad. Tras estudiar la viabilidad de la inversión, se desestimó dicha idea y se pasó a alquilar un local que hubo que decorar comprando al contado, el 1 de julio del 2011, el mobiliario. El Terreno se puso a la venta ese mismo año pero a día de hoy no se ha conseguido ningún comprador.

El alquiler del local y la energía se incluyen en la partida de suministros que siempre se ha pagado a 60 días.

Alonso se acuerda de las últimas operaciones realizadas por la empresa dos días antes del cierre:

- Se habían pagado las nóminas anuales de los trabajadores al igual que la seguridad social, tanto de los trabajadores como de la empresa y todas las retenciones del IRPF aplicando un compromiso establecido con Hacienda y con los Organismos de la Seguridad Social. El total pagado asciende a 350.000 euros.

- Se había ingresado en tesorería 8.900.000 euros de las deudas que tenían pendientes los clientes del 2011 y gracias a eso se pudieron pagar las deudas a los proveedores del 2011 que ascendían a 3.400.000 euros.

Con la ayuda del informático de la empresa, se ha conseguido recuperar la siguiente información del periodo 2012:

1. Datos sobre la cuenta de Resultados global

Resultados 2012	Total
Ventas totales	8.836.000
Costes Directos totales	6.720.220
Costes Fijos	600.000

Tabla 1. Datos sobre la cuenta de Resultados global

2. La rotación del Activo es de 0,4 vueltas.

3. El inmovilizado se amortiza al 10% anual por el sistema lineal.

4. La rotación de las mercaderías es de 90 días (la empresa considera sólo las existencias finales y no la media del año).

5. La empresa a lo largo del año tiene un Cash Flow económico de 982.000 euros y un Cash Flow financiero de 7.100.720 euros.

6. El valor del Capital Social suscrito y desembolsado coincide con el Inmovilizado Material Neto.

7. El impuesto de sociedades es del 30% a pagar en el año siguiente. En el año 2012 ascendía a 378.000 euros.

8. Se sabe que al inicio del año 2012 las existencias de mercaderías eran de 2.400.275 euros y la tesorería era de 500.000 euros.

Con esta información, Alonso tiene que realizar las cuentas anuales a fecha 31-12-2012 siguiendo las plantillas disponibles en el ordenador que son las siguientes:

a) Balance de situación de la empresa

Activo	euros	Patrimonio neto y Pasivo	euros
Terrenos		Capital Social	
Mobiliario		Reservas	
Amortización Acumulada IMB		Beneficio Neto	
		Préstamo Largo Plazo	
Existencias		Proveedores	
Clientes		HP acreedora	
Tesorería		Acreedores suministros	
Total		Total	

Tabla 2. Plantilla balance de situación de la empresa

b) Cuenta de Resultados o Pérdidas y Ganancias

Cuenta de Resultados	euros
Ventas	
+/- variación existencias	
- Compras	
- Personal	
- Suministros	
- Amortizaciones	
Beneficio o Pérdidas de explotación	
+ Ingresos financieros	
- Gastos financieros	
Resultado antes de impuestos	
- Impuesto de sociedades	
Resultado Neto del ejercicio	

Tabla 3. Plantilla Cuenta de Resultados o Pérdidas y Ganancias

c) Estado de tesorería

Estado Tesorería	euros
Tesorería inicial	
Entradas (cobros)	
Salidas (pagos)	
Tesorería final	

Tabla 4. Plantilla estado de tesorería

d) Una vez recuperadas las cuentas anuales (excepto el estado de cambios del Patrimonio Neto por ser innecesario), Alonso quiere presentar un informe económico financiero para determinar la situación actual de la empresa y posibles medidas a tomar por la Dirección.

Para facilitar la confección del informe el jefe de contabilidad dispone del siguiente cuadro de ratios con los ratios ideales del sector:

Ratios	Formula	Sector
Liquidez =	Activo corriente / Pasivo corriente	3
Tesorería =	Realizable + disponible / Pasivo corriente	2
Endeudamiento =	Pasivo / Activo	0,65
Rotación del Activo (en vueltas) =	Ventas / Activo	0,6
Rotación de existencias (días) =	(Stock mercaderías* x 360) / Coste de las ventas	60
Calidad de la deuda =	Pasivo corriente/ Pasivo	0,5
Margen bruto =	Beneficio explotación x 100 / Ventas	0,3
Rentabilidad económica =	BAIT / Activo	0,18
Rentabilidad financiera =	Beneficio neto / Fondos propios	0,15
Apalancamiento financiero =	(Activo / Fondos propios) x (BAT / BAIT)	1,2
Plazo de cobro (días) =	(Clientes * x 360)/ Ventas	30
Plazo de pago (días) =	(Proveedores * x 360)/ Compras	30
* No tener en cuenta el saldo medio durante el año sino exclusivamente el valor de clientes, proveedores y mercaderías a final del 2012.		

Tabla 5. Cuadro de ratios del sector

En un deseo de dar una visión completa de la situación de la empresa en 2012 y después de haber analizado el área financiera, se le pide a jefe de Marketing que analice la situación actual de su área comparándola con los años anteriores. Con este motivo se dispone de la siguiente información:

Precio Venta (€)	2010	2011	2012
A	20	22	23
B	11	12	12
C	23	25	29

Tabla 6. Precio de venta productos

Ventas (miles de ud. Físicas)	2010			2011			2012		
	A	B	C	A	B	C	A	B	C
TOTAL	110	50	150	130	40	160	150	38	170

Tabla 7. Ventas en unidades físicas

Margen de contribución 2012	A	B	C	Total
Ventas	3.450.000	456.000	4.930.000	8.836.000
Costes Directos	2.771.750	237.120	3.711.350	6.720.220
Margen de contribución	678.250	218.880	1.218.650	2.115.780
Costes Fijos 2012				600.000

Tabla 8. Margen de contribución 2012

Participación Mercado	2010	2011	2012
A	40%	41%	40%
B	70%	75%	75%
C	60%	62%	65%

Tabla 9. Participación mercado

1a) Determinar la rentabilidad de los productos A, B y C en 2012.

- Rentabilidad relativa del producto: Margen de contribución del producto / Ventas del producto.

- Contribución relativa del producto: Margen de contribución del producto / Margen de contribución total.

1b) Calcular el punto de equilibrio de la empresa en 2012, e interpretar los resultados

- Margen ponderado: Σ Rentabilidad relativa del producto x Contribución relativa del producto..

- Punto de equilibrio: CF / Margen ponderado.

2a) Realizar el análisis de la situación presente y futura de cada producto.

2b) Determinar los objetivos de ventas para el 2013 de cada producto, teniendo en cuenta la evolución de sus ventas y de sus mercados.

3a) Realizar un análisis de la cartera producto-mercado a través de una Matriz BCG (Matriz Boston Consulting Group).

		Cuota de mercado relativa	
		Alta	Baja
Tasa de crecimiento	Alta		
	Baja		

Figura 1. Modelo Matriz BCG

3b) Representar en qué situación de la curva del ciclo de vida se encuentra cada producto

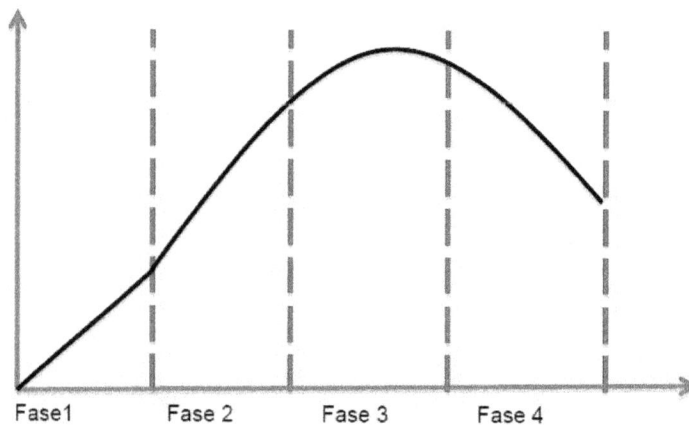

Figura 2. Fases del ciclo de vida del producto

3c) Según los resultados anteriores, ¿qué haría usted con cada producto durante los próximos años?

Caso Lighting S.A.

Francisco Gil Vilda, Albert Suñé

Asignaturas involucradas

- Dirección de operaciones
- Diseño de la cadena de suministros

Introducción

El caso Lighting tiene como objetivo ilustrar el diseño de una célula en U de ensamblaje y enlazar su ritmo de producción con una cadena de suministro en *pull flow*. Este caso pone el foco en la minimización del despilfarro a partir de la aplicación de técnicas de producción ajustada (*lean manufacturing*) como son la producción flexible bajo el takt time del cliente, el diseño de células U, el flujo unidad por unidad (*one-piece-flow*) y el diseño de *milk runs*[1] de aprovisionamiento.

La producción basada en células U de ensamblaje configura el sistema productivo en un *layout* en forma de herradura. Esta configuración abarca la parte física (distribución física de los elementos), el diseño del proceso unidad por unidad, la gestión de la producción en flujo tirado, la estrategia de aprovisionamiento cíclico y los mecanismos de mejora continua (*kaizen*) para maximizar al valor añadido y minimizar los despilfarros.

Adicionalmente, el caso establece dos niveles de suministro basados en la técnica del *milk run* (o servicio de aprovisionamiento cíclico basado en la recolección de piezas en diferentes proveedores). En el caso Lighting S.A. se definirá un *milk run* interno para suministrar a las líneas de producción desde un almacén y un *milk run* externo para suministrar al almacén desde cada uno de sus proveedores.

El desarrollo del caso

Debemos diseñar, partiendo de cero, la línea de producción para el ensamblaje de los faros principales de un automóvil, a partir de sus componentes previamente manufacturados. El automóvil en cuestión, sobre el que se montarán dos faros (izquierdo y derecho) tiene una demanda bastante estable cuya previsión se muestra en la tabla 1.

La planta donde se llevará a cabo la producción trabaja a dos turnos de 8 horas, 5 días por semana. Cada turno dispone de 50 minutos de descanso.

MES	ENE	FEB	MAR	ABR	MAY	JUN
Coches/mes	14190	12900	14190	12900	13545	18060
Faros/mes	28380	25800	28380	25800	27090	36120
Días laborables/mes	22	20	22	20	21	21

MES	JUL	AGO	SEP	OCT	NOV	DIC
Coches/mes	18920	17200	15480	14190	12900	10320
Faros/mes	37840	34400	30960	28380	25800	20640
Días laborables/mes	22	20	18	22	20	16

Tabla 1. Demanda anual de automóviles

El producto

El producto a fabricar son los dos proyectores principales del automóvil (mano derecha y mano izquierda). Cada uno está compuesto por 10 piezas de las cuales 7 son comunes y 3 diferentes en función del lado. A continuación se listan los componentes mediante su referencia, nombre, breve descripción y dimensiones de los embalajes:

Ref.	Nombre	Descripción	Embalaje LxAxH (cm)	Ud. por caja
4325-0001	Parábola derecha	Espejo con forma de parábola de chapa embutida y metalizada con oberturas para lámpara principal y de posición.	60x40x40	48
4325-0002	Parábola izquierda	Imagen especular de la parábola derecha	60x40x40	48
4325-0003	Carcasa derecha	Carcasa de plástico inyectado y metalizado con dos canales para cola.	60x40x40	24
4325-0004	Carcasa izquierda	Imagen especular de la carcasa derecha	60x40x40	24
4325-0005	Cristal derecho	Cristal de vidrio estriado con dibujo en función de la mano	60x40x30	36
4325-0006	Cristal izquierdo	Imagen especular del cristal derecho	60x40x30	36
4325-0007	Cuello porta lámpara	Cuello circular portalámparas troquelado en chapa	30x20x20	200
4325-0008	Muelle fijación	Muelle de fijación de la lámpara H4 en acero	30x20x20	200
4325-0009	Lámpara H4	Lámpara halógena estándar	40x30x20	150
4325-0010	Portalámparas	Portalámparas de plástico blanco inyectado para lámpara de posición	30x20x20	300
4325-0011	Cuello estanco	Cuello de goma para unir de forma estanca el portalámparas a la parábola	30x20x20	400
4325-0012	Lámpara posición	Lámpara de posición	40x30x20	250
4325-0013	Capuchón	Capuchón de goma para recubrir el cuello del faro y asegurar la estanqueidad	40x30x20	100
4325-0015	Cola bicomponente	Cola bicomponente con un tiempo de secado de 20 minutos	Bidón	200 l
PG-306-D	Producto acabado	Faro ensamblado principal derecho	60x40x40	4
PG-306-I	Producto acabado	Faro ensamblado principal izquierdo	60x40x40	4

Tabla 2. Descripción de los componentes y sus embalajes

La figura 1 presenta un esquema del faro con sus componentes y la figura 2 muestra una fotografía del producto acabado.

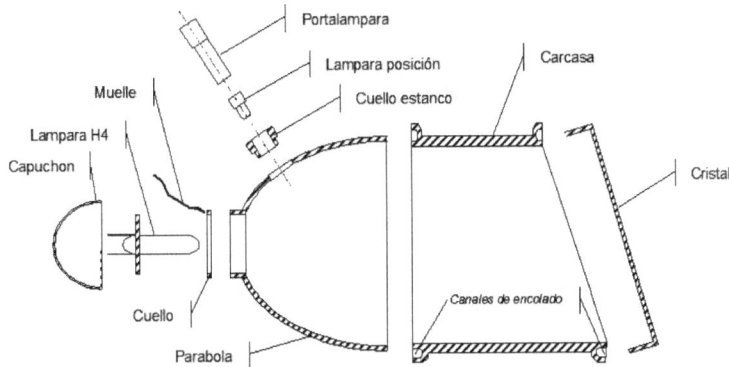

Figura 1. Esquema del despiece en corte transversal

El proceso de producción

El proceso de ensamblaje es equivalente para el faro izquierdo y derecho, salvo por los componentes que utiliza, por ello se pretende usar la misma célula para ambos lados.

El proceso se inicia a partir de la *parábola* que llega al montaje ya metalizada después de un proceso de embutición progresiva, seguido de un fosfatado, barnizado y metalizado.

Sobre la *parábola* se remacha el *cuello* con una pequeña prensa y, acto seguido, se coloca el *muelle de fijación.*

A continuación se toma la *carcasa* sobre la que hay que pegar el *cristal* por un lado y la *parábola* por el otro. Para ello hay que depositar sendos cordones de cola en los canales dispuestos al efecto alrededor de la *carcasa*.

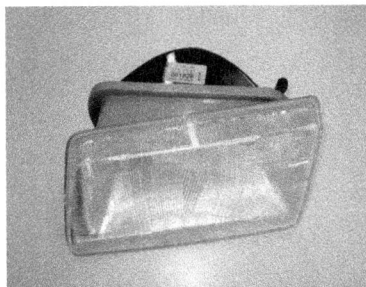

Figura 2. Fotografía del faro ensamblado (mano derecha)

La operación para depositar el cordón de cola necesita una bomba, una boquilla de mezclado y un dispositivo de recorrido programable (se dispone de un robot de seis ejes para este cometido, ver figura 3). El tiempo *mínimo* para depositar la cola es de 5 segundos por cordón. Las particularidades de la cola hacen que ésta deba fluir de forma continua para que no se seque, de manera que el tiempo máximo de paro de la bomba entre ciclo y ciclo debe ser de 25s (en caso de superarse, es necesario purgar el sistema con el consiguiente desperdicio de cola). La cola requiere un tiempo de secado de 20 minutos para que el producto se pueda volver a manipular.

Una vez seco el conjunto *parábola-carcasa-cristal* es necesario insertar el *cuello portalámparas* para, después, introducir el *portalámparas* al que previamente se le ha insertado la *lámpara de posición*; después se coloca la *lámpara H4* sobre el *cuello* y se fija mediante el *muelle*.

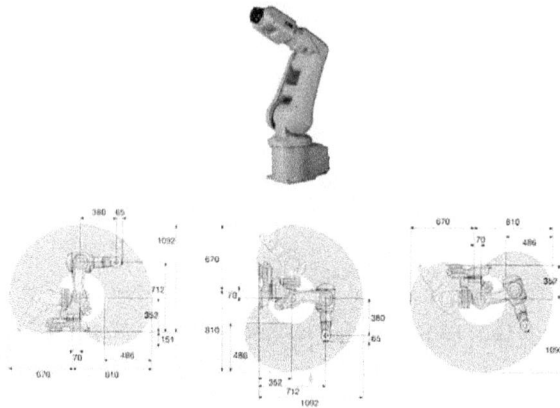

Figura 3. Brazo robotizado y sus distancias de alcance.

Antes de finalizar es necesario comprobar la estanqueidad del conjunto mediante un dispositivo de medición automático. Para ello hay que colocar el faro con el cristal hacia abajo y accionar un dispositivo que baja sobre el cuello, midiendo la estanqueidad durante 15 segundos. Si el faro no pasa la medición hay que desecharlo. Una vez comprobada la estanqueidad se coloca el capuchón y se deposita el faro completo en el contenedor de producto acabado.

Diseño de la célula U

Una vez descrito el proceso y planteada su secuencia de operaciones (ver figura 4), es necesario diseñar una línea de producción capaz de satisfacer la demanda del cliente.

Para ello es necesario calcular el takt time y establecer un reparto de tareas adecuado para cada estación de trabajo[2]. Las primeras cuestiones a resolver son:

- El cálculo del takt time para cada mes.

- El tiempo de ciclo óptimo de la línea de producción.

- El número de estaciones mínimo que son necesarias.

- Reflexionar sobre proceso de secado y plantear una solución para posibilitar el secado de la cola, teniendo en cuenta que el resto del proceso es continuo.

- Definir un equilibrado de la línea.

- Dibujar el diagrama de equilibrado.

- Calcular la eficiencia de la línea con el equilibrado realizado.

- Realizar el cronograma del equilibrado, poniendo especial atención en la sincronización hombre-máquina del puesto robotizado y del puesto de control de estanqueidad.

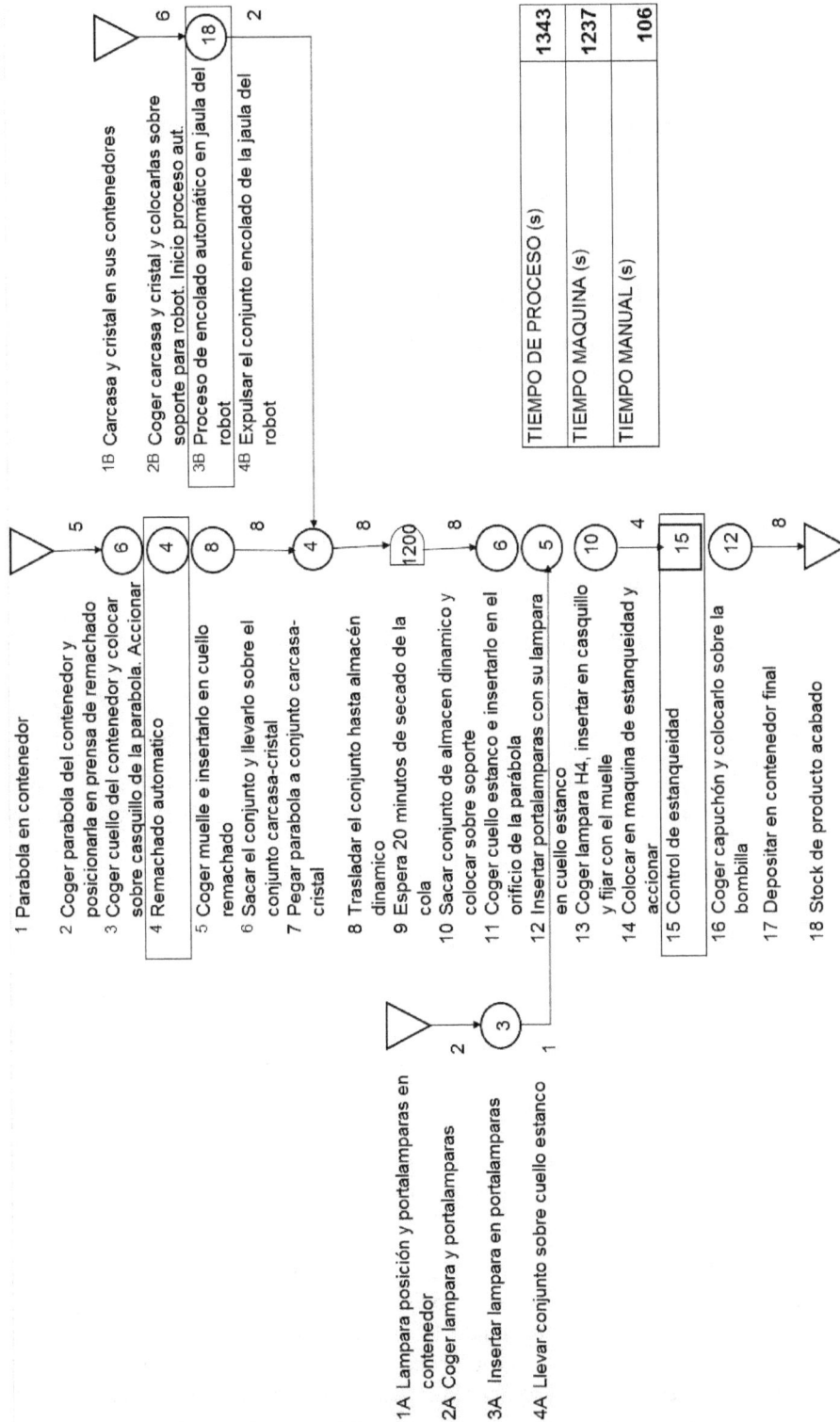

Figura 4. Diagrama analítico de proceso

1 Parabola en contenedor

2 Coger parabola del contenedor y posicionarla en prensa de remachado

3 Coger cuello del contenedor y colocar sobre casquillo de la parabola. Accionar

4 Remachado automatico

5 Coger muelle e insertarlo en cuello remachado

6 Sacar el conjunto y llevarlo sobre el conjunto carcasa-cristal

7 Pegar parabola a conjunto carcasa-cristal

8 Trasladar el conjunto hasta almacén dinamico

9 Espera 20 minutos de secado de la cola

10 Sacar conjunto de almacen dinamico y colocar sobre soporte

11 Coger cuello estanco e insertarlo en el orificio de la parábola

12 Insertar portalamparas con su lampara en cuello estanco

13 Coger lampara H4, insertar en casquillo y fijar con el muelle

14 Colocar en maquina de estanqueidad y accionar

15 Control de estanqueidad

16 Coger capuchón y colocarlo sobre la bombilla

17 Depositar en contenedor final

18 Stock de producto acabado

1A Lampara posición y portalamparas en contenedor

2A Coger lampara y portalamparas

3A Insertar lampara en portalamparas

4A Llevar conjunto sobre cuello estanco

1B Carcasa y cristal en sus contenedores

2B Coger carcasa y cristal y colocarlas sobre soporte para robot. Inicio proceso aut.

3B Proceso de encolado automático en jaula del robot

4B Expulsar el conjunto encolado de la jaula del robot

TIEMPO DE PROCESO (s)	1343
TIEMPO MAQUINA (s)	1237
TIEMPO MANUAL (s)	106

73

Una vez establecido el número de estaciones y sus tareas asociadas es necesario asignar un espacio físico para cada elemento del proceso productivo mediante el diseño del *layout* o distribución en planta basado en células U³. Para ello se deben seguir estas recomendaciones:

Se quiere estandarizar al máximo todos los elementos de cada puesto de trabajo.

Es especialmente importante definir una configuración para la estación robotizada que garantice la seguridad de las personas e instalaciones.

La maquinaria necesaria para realizar las operaciones automáticas tiene las siguientes dimensiones:

- Jaula para el robot de encolado: 2m x 2m
- Almacén para el stock dinámico: 1,5m x 1m
- Prensa de remachado (sobremesa): 0,3m x 0,3m
- Máquina comprobadora de estanqueidad: 0,5m x 0,5m

Todas las piezas llegarán a la línea como componentes individuales que son comprados al exterior. Se requiere plantear el diseño del ciclo de suministro de la célula U teniendo en cuenta los siguientes puntos:

Es necesario definir un sistema para aprovisionar los puestos de trabajo de forma regular minimizando los despilfarros.

Se desea suministrar material de forma periódica en un *milk run* de aprovisionamiento a la célula U con un ciclo de 60 minutos. Es decir, cada 60 minutos el aprovisionador acude a la célula, recoge los contenedores vacíos, pasa por otras células a recoger contenedores vacíos, lleva todos los contenedores al almacén, substituye los contenedores vacíos por otros llenos y devuelve cada contenedor al puesto correspondiente de cada célula, al tiempo que inicia el ciclo de nuevo.

Teniendo en cuenta las dimensiones de las cajas de embalaje y el consumo horario de la línea, se debe dimensionar el espacio necesario de aprovisionadores dinámicos para mantener la célula abastecida entre 2 ciclos de aprovisionamiento consecutivos. El producto acabado se recogerá de las células cada 30 minutos.

A partir de los diseños de los cálculos previos y teniendo en cuenta las dimensiones de la maquinaria, se pide:

- Dibujar a una escala aproximada, la distribución en planta de la célula U con sus medidas más relevantes.
- Especificar claramente cuál será el flujo de fabricación y el flujo de aprovisionamiento.
- Calcular los metros cuadrados que serán necesarios (incluyendo pasillos de aprovisionamiento).
- Calcular el número de contenedores (llenos + vacíos) en el *milk run* de aprovisionamiento de la célula U para que funcione correctamente.

El ciclo de suministro de la planta respecto a sus proveedores es el siguiente: Una vez al día, Lighting envía un pedido a sus proveedores con el consumo de las últimas 24h. Al día siguiente, antes de haber transcurrido 24h desde el lanzamiento del pedido, los proveedores entregan el material solicitado en el *milk run* de aprovisionamiento de la planta que hace una ruta pasando por todos los proveedores y recogiendo los contenedores vacíos del ciclo anterior. Asimismo, Lighting desea disponer de un stock de seguridad de 1 turno de trabajo, para todos los componentes. El stock de seguridad se establece para hacer frente a posibles fluctuaciones o retrasos en el plazo de entrega.

Para diseñar adecuadamente el *milk run* de suministro a la planta, es necesario:

- Determinar el número de contenedores (*kanbans*) necesario para cada componente en el *milk run* de aprovisionamiento de la planta.

- Calcular el stock medio y máximo en el almacén de componentes, y su rotación en horas de consumo.

Referencias

[1] http://es.wikipedia.org/wiki/Milk_run

[2] Suñé, A., Gil Vilda, F., & Arcusa, I. (2004). *Manual práctico de diseño de sistemas productivos* .Ed. Díaz de Santos.

[3] Gil Vilda, F. *Sistemas de aprovisionamiento para células en U.*

Caso Foundry and Stamp Co.

Jaume Figueras, Antoni Guasch

Asignaturas involucradas

- Automatización de procesos
- Dirección de operaciones

Introducción

Dentro de un flujo productivo, los distintos procesos se enlazan entre sí formando enlaces proveedor-cliente. De esta manera, el proceso anterior es el proveedor del siguiente proceso (que es su cliente) y así sucesivamente hasta llegar al cliente final. Para conseguir llegar al cliente final con el mínimo de tiempo de esperas es necesaria una adecuada planificación de la capacidad productiva. De manera que todas las instalaciones puedan abastecer la demanda de sus clientes en el momento adecuado. En otras palabras, deben tener capacidad suficiente para suministrar las cantidades demandadas en el momento preciso.

El objetivo del caso Foundry and Stamp Co. Es la evaluación, modelado y simulación de un proceso de fabricación flexible que consiste en la fabricación de tres productos distintos. Para la fabricación se dispone de seis estaciones automáticas de producción para la realización de las distintas etapas del proceso. Cada estación de producción consta de un número de máquinas. Los productos a fabricar siguen distintas secuencias de paso por las estaciones de trabajo y distintos tiempos de procesado en cada una de ellas.

Descripción del caso

Estaciones de trabajo:

# Estación	Tipo de trabajo
1	Fundición
2	Torno
3	Prensa
4	Fresado
5	Moldeado
6	Pulidora

Tabla 1. Estaciones de trabajo

Familias de productos a fabricar:

Familia	Probabilidad	Secuencia	Tiempo medio de procesado
1	0.24	1.Fundición 2.Prensa 3.Torno 4.Pulidora	125 min. 35 min. 20 min. 60 min.
2	0.44	1.Moldeado 2.Fresado 3.Torno	105 min. 90 min. 65 min.
3	0.32	1.Fundición 2.Moldeado 3.Fresado 4.Prensa 5.Pulidora	135 min. 250 min. 50 min. 30 min. 25 min.

Tabla 2. Probabilidades y tiempos de proceso por tipo de pieza

La llegada de las piezas siguen una distribución de Poisson donde el tiempo medio entre llegadas es de 9.6 minutos. El tiempo de servicio de las máquinas sigue una distribución exponencial y sus valores se expresan en minutos.

Delante de cada estación de trabajo hay un *buffer* con una capacidad máxima de 20 piezas.

Con estos datos se pide:

- Encontrar analíticamente la cantidad de máquinas necesarias para que el proceso de producción esté equilibrado.

- La figura 1 muestra la Red de Petri del modelo a codificar en Simio. Reflexiona sobre la interpretación semántica de cada nodo lugar. En esta RdP no está representada la limitación de 20 piezas como máximo en la cola de entrada, qué cambios harías en la RdP para tener en cuenta esta limitación.

- Construir el modelo de simulación limitando el buffer de entrada de cada estación de trabajo a 20 piezas y el buffer de salida a 0.

Simular el modelo durante 20 días (28800 minutos) y determinar:

- El retraso promedio de la cola de cada una de las estaciones de trabajo.

- El tamaño promedio de la cola de cada una de las estaciones de trabajo.

- Analizar los resultados observados y evaluar la idoneidad de la solución encontrada analíticamente.

- Modificar, si fuera necesario, la propuesta inicial calculada analíticamente para equilibrar el sistema.

- Calcular de nuevo el retraso promedio de la cola de cada una de las estaciones de trabajo y el tamaño promedio de la cola de cada una de las estaciones.

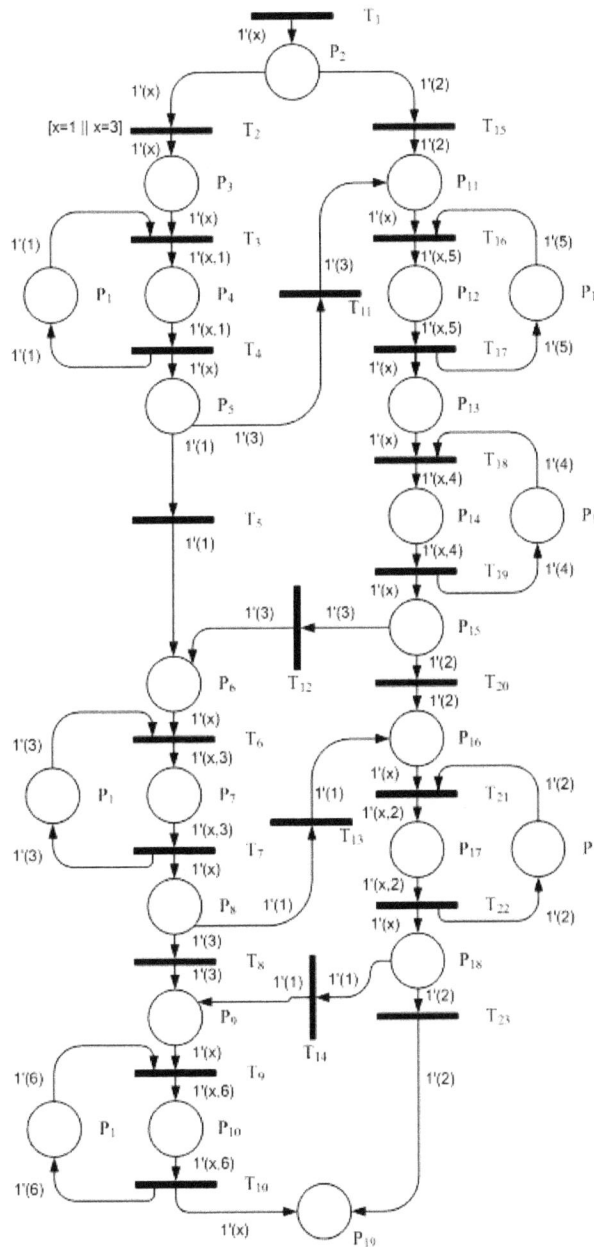

Figura 1. Red de Petri del modelo

Caso Mueble Flix S.A.

Ignacio Arcusa, Vicenç Fernández, José M. Sallan

Asignaturas involucradas

- Métodos cuantitativos en organización
- Diseño de la cadena de suministros

Introducción

La planificación de los materiales o MRP-I es un Sistema de Planificación y Administración, normalmente asociada con un software que plantea la producción y un sistema de control de inventarios. Es un sistema de planificación de la producción y de gestión de stocks (o inventarios) que responde a las preguntas: ¿qué? ¿cuánto? y ¿cuándo?, se debe fabricar o aprovisionar material.

El MRP consiste esencialmente en el cálculo de necesidades netas de los artículos necesarios, introduciendo un factor nuevo no considerado en los métodos tradicionales. Este factor es el plazo de fabricación o entrega de cada uno de los artículos, indicando la oportunidad de fabricar (o aprovisionar) los componentes respecto a su utilización en la siguiente fase del proceso.

Puede decirse que el MRP es un sistema de control de inventario y programación. Su objetivo es disminuir el volumen de existencia a partir de lanzar la orden de compra o fabricación en el momento adecuado según los resultados del Programa Maestro de Producción.[1]

El caso

La Empresa Mueble Flix S.A. fabrica sillas para oficinas con una producción mensual máxima de 2000 ud y una demanda media de 1500 ud.

El coste de los componentes para fabricar la silla es de 27 €/silla y el coste de producción es de 3 €/silla. El stock inmovilizado de los componentes tiene una tasa de penalización del 10% anual (stock valorado al coste de fabricación de producto acabado). Al preparar la máquina para la fabricación de cada lote, tenemos un coste de 7.5 €.

- Calcular cuál es el lote económico de fabricación y cuál es el stock máximo alcanzado. La empresa trabaja 16 h/día (2 turnos) en capacidad regular y 24 h/día (3 turnos) en capacidad completa (cuando hace falta por aumento de la demanda) durante 5 días/semana y 4 semanas/mes.

En los 6 primeros meses del año, la demanda prevista es la siguiente:

	Enero	Febrero	Marzo	Abril	Mayo	Junio
Demanda	1000	1500	2000	2500	2000	1000

Tabla 1. Demanda de Enero a Junio.

La producción real por turno es de 30 ud. El coste de elaboración en capacidad regular es de 3 €/ud y en el caso de ampliar al tercer turno, el turno de noche tiene un coste de 3.6 €/ud.

- Utilizando el método de Bowman, establecer un Plan Maestro de producción al mínimo coste y calcular el coste total del Plan.

  La silla está compuesta por: Respaldo + base.

  Respaldo formado por: Marco + 3 Barras.

  Base formada por: Asiento + 4 patas + 8 tornillos.

- Durante las 2 primeras semanas de Enero y siguiendo los criterios MRP, programar las órdenes de lanzamiento para: Silla, Respaldo, Base, Barras y tornillos teniendo en cuenta:

  - Las entregas se hacen los viernes de cada semana.

  - El stock de seguridad de las sillas tiene que ser de 100 ud, para las barras de 200 ud, para los tornillos de 400 ud y para respaldo y base no hace falta stock de seguridad (estos stocks de seguridad tienen que estar constituidos el viernes de la primera semana de enero).

  - La silla se monta el mismo día que están disponibles Respaldo y Base.

  - Los tiempos de montajes para respaldo y base son de 1 día.

  - El plazo de entrega del proveedor de barras es de 2 días y el proveedor de tornillos los entrega el mismo día.

  - Todos los stocks iniciales de silla, respaldo, base, y componentes son cero.

  - El respaldo y base se pueden fabricar en cualquier cantidad.

  - El proveedor de barras hace las entregas en lotes de 50 ud o múltiplos

  - El proveedor de tornillos hace las entregas a partir de 300 ud.

- Plantear un modelo que permita determinar la cantidad de sillas a producir en cada mes para minimizar los costes de producción y almacenaje. Con este objetivo se pide (1) definir las variables de decisión, (2) la función objetivo a optimizar, y (3) las restricciones.

- Plantear un modelo que permita determinar las órdenes de lanzamiento para la silla, el respaldo, la base, las barras y los tornillos para cubrir la demanda exigida. Con este objetivo se pide (1) definir las variables de decisión, (2) la función objetivo a optimizar, y (3) las restricciones.

Referencias

[1]http://es.wikipedia.org/wiki/Planificaci%C3%B3n_de_los_requerimientos_de_material

Caso Integrated Logistic Solutions S.A.

Albert Suñé

Asignaturas involucradas

- Dirección de operaciones
- Diseño de la cadena de suministro

Introducción

Un proveedor logístico *third-party* (abreviado 3PL o a veces TPL) es una empresa que ofrece servicios logísticos a sus clientes, realizando la administración de una parte de la logística o la totalidad de su cadena de suministro. Los proveedores logísticos *third-party* normalmente se especializan en operaciones integradas, almacenamiento y servicios de transporte. Estos servicios son modificados y adaptados a las necesidades del cliente, basándose en las condiciones de demanda del mercado y a los requerimientos de los servicios de distribución de sus productos y materiales. A menudo, estos servicios van más allá de la logística e incluyen servicios de valor añadido, por ejemplo relacionados con la producción y la obtención de bienes o servicios que integran partes de la cadena de suministro. En estos casos el proveedor se llama *Third-Party Supply Chain Management provider* (3PSCM) o *Supply Chain Management Service Provider*.

En la terminología PL es importante diferenciar el 3PL de:

- 1PL Subcontratación del trasporte.
- 2PL Externalización del transporte y del almacenamiento.
- 4PL Consultoría u Operador Logístico Global.

El caso Integrated Logistic Solutions

Integrated Logistic Solutions S.A. ofrece servicios de outsourcing logístico a un nivel de 3PL. Un nuevo cliente desea obtener un presupuesto detallado sobre el servicio de transporte, almacenaje y preparación de pedidos para sus distribuidores, de acuerdo con las siguientes necesidades:

Necesidades del cliente:

- 2 camiones diarios para recogida de material paletizado. Cada día se estima que habrá que recoger un promedio de 50 palets industriales en casa del cliente.
- Descarga y ubicación del material en estanterías convencionales. Se estima una rotación media del material de 10 días.
- Desubicación del material y traslado a una zona de picking. Se estima una necesidad de 200m^2 para el picking.
- Picking y preparación de pedidos para los distribuidores. Se estima una necesidad de 180 pedidos al día que se servirán en cajas de cartón precintadas.
- Transporte de los pedidos a los minoristas en camiones ligeros. Se estima una necesidad de planificar 4 rutas diarias.

Datos del almacén paletizado:

En el almacén paletizado, la operación de ubicación y extracción de los palets se realiza con carretillas retráctiles. Las carretillas tienen un alcance en altura de 9m y necesitan un pasillo de trabajo de 3m de ancho.

El almacén paletizado se ha diseñado con estanterías convencionales de tipo Mecalux. Tiene una altura libre de 10 m, permite almacenar bultos de una altura de 1.5 m y la distancia útil entre los montantes de las estanterías es de 3.5 m.

Tarifas a aplicar:

- Precio del transporte en camión desde casa del cliente: 150€/viaje.

- Descarga del camión: 20 min de carretilla contrapesada y carretillero.

- Productividad ubicación o extracción con carretilla retráctil: 20 palets/h

- Precio de la mano de obra del carretillero: 25 €/h

- Precio de la carretilla contrapesada: 15 €/h

- Precio de la carretilla retráctil: 25 €/h

- Precio por superficie del almacén paletizado: 5 €/m^2·mes

- Precio por superficie del área de picking: 10 €/m^2·mes

- Coste de la mano de obra en tareas de picking y preparación pedidos: 20 €/h

- Coste de la gestión de información del pedido: 0,5 €/pedido

- Precio del transporte en camión ligero a distribuidores: 100 €/ruta

Se ha realizado un cronometraje para determinar los tiempos estándar de la operación de picking y preparación de pedidos. Hemos tomado 10 muestras de la operación con diferentes personas, representadas en la tabla 1. En cada muestra de tiempo se ha recogido el tiempo en segundos y la actividad observada en la escala centesimal.

La operación de picking y preparación de pedidos tiene un suplemento del 10% pactado con el comité de empresa.

Muestra	1	2	3	4	5	6	7	8	9	10
Tiempo (s)	300	450	250	450	300	275	400	400	200	250
Actividad Observada	90	90	90	110	110	110	110	95	95	95

Tabla 1. Tiempos cronometrados de la operación de picking y preparación de pedidos.

Con estos datos se necesita:

1. Calcular el tiempo estándar de la operación de picking y su cociente de variabilidad en %. Determinar la productividad horaria de la tarea de picking.

2. Calcular el área necesaria para el almacén paletizado.

3. Calcular el presupuesto mensual de la operación a subcontratar detallando los siguientes conceptos:

   a. Servicio de transporte.

   b. Servicio de almacenaje y manutención.

   c. Servicio de preparación de pedidos.

NOTA: A efectos de cálculo se pueden considerar meses de 20 días laborables.

Caso Deterclorit S.A.

Ramon Navarro, Albert Suñé

Asignaturas involucradas

- Dirección de operaciones
- Diseño de la cadena de suministro

Introducción

Una de las dificultades más frecuentes de la programación de un proceso productivo se presenta cuando la demanda del producto acabado es muy variable y se dispone de poco tiempo para servirla. En estos casos, la aplicación del *kanban* permite organizar la producción con los stocks mínimos que aseguran las existencias necesarias para evitar las roturas de stock y las correspondientes pérdidas de eficiencia productiva por paro de línea[1].

El cálculo del número de *kanbans* necesarios para cada caso, lleva a un volumen de stocks que es directamente proporcional al tamaño del lote de producción y al tiempo de cambio de serie para pasar de un lote al lote siguiente. Por este motivo, siempre que se desea aplicar la técnica *kanban* para reducir los stocks intermedios, resulta indispensable efectuar antes un estudio para la reducción del tiempo de cambio de serie.

En el enfoque *lean manufacturing*, la técnica utilizada para la optimización del tiempo de cambio de serie es conocida como SMED[2] (acrónimo de Single-Minute Exchange of Die). En esta técnica, se analizan en detalle cada una de las operaciones del cambio de serie para reducir el tiempo improductivo. Esto se consigue a base de organizar las operaciones con la máquina en marcha (productiva), eliminar las operaciones innecesarias, introducir actividades simultáneas o reducir el tiempo necesario para realizarlas. Con ello se pretende reducir el tiempo total de máquina parada por cambio de serie al mínimo indispensable. Como objetivo se pretende que el tiempo improductivo por cambio de serie sea inferior a diez minutos.

La empresa Deterclorit S.A.

Deterclorit S.A. es una empresa industrial ubicada en Sant Boi de Llobregat, que produce detergentes líquidos para marcas blancas.

La planta de producción dispone de dos líneas A y B de extrusionado y soplado de envases de polietileno de alta densidad (HDPE), y cinco líneas de envasado de productos.

- Línea 1: Lejía con detergente
- Línea 2: Lavavajillas
- Línea 3: Detergente para lavadoras
- Línea 4: Suavizante
- Línea 5: Limpiahogar multiusos

Cada línea de envasado está dedicada, es decir, el producto es siempre el mismo, pero el tamaño, la forma y el color del envase cambian para cada cliente.

La extrusora A produce envases para las líneas 1 y 2, mientras que la extrusora B sirve a las líneas 3, 4 y 5.

Todas las instalaciones funcionan ininterrumpidamente seis días por semana, con tres turnos de ocho horas cada día, durante 48 semanas al año.

El sistema actual de planificación de la producción organiza los dos procesos (soplado y envasado) independientemente, gestionándose la producción de los envases por medio del modelo POQ (Production Order Quantity). Los envases producidos van a un almacén, en contenedores de 25 envases, desde donde se van retirando para servir las necesidades de las 5 líneas de envasado, según el ritmo de consumo de éstas.

El producto de mayor consumo, la lejía con detergente, tiene la siguiente demanda anual:

- En envase de 1 litro: 240.000 unidades

- En envase de 2 litros: 1.380.000 unidades

- En envase de 5 litros: 160.000 unidades

El cambio de serie de la extrusora A, que produce los envases, representa un tiempo de 106 minutos, que se distribuyen según la tabla 1:

Número de operación. Persona	Actividad	Tiempo (min.)
1. Maquinista	Fin de la serie anterior. Parar la instalación.	4
2. Maquinista	Avisar al ajustador y esperar a que venga	15
3. Ajustador	Aproximar el carro para transporte del molde	4
4. Ajustador	Retirar la palas protectoras del molde	3
5. Ajustador	Acoplar la varilla para la extracción del molde	10
6. Ajustador	Destornillar el lado derecho del molde	2
7. Ajustador	Desplazarse al lado izquierdo	1
8. Ajustador	Destornillar el lado izquierdo del molde	2
9. Ajustador	Extraer el molde y dejarlo en el carro	8
10. Ajustador	Llevar el molde al almacén de moldes y traer el molde del envase a producir.	23
11. Ajustador	Introducir el nuevo molde tirando con la varilla	6
12. Ajustador	Centrar el molde	5
13. Ajustador	Atornillar el lado derecho del molde	2
14. Ajustador	Desplazarse al lado izquierdo	1
15. Ajustador	Atornillar el lado izquierdo del molde	2
16. Ajustador	Ajustar el canal de la preforma	3
17. Ajustador	Cargar el programa de fabricación	1
18. Ajustador	Ajustar la cinta transportadora	3
19. Ajustador	Desplazarse al lado derecho	1
20. Ajustador	Aplicar las palas protectoras del molde	3
21. Ajustador	Ajustar las temperaturas del horno	1
22. Maquinista	Ajustar el cargador de contenedores	4
23. Maquinista	Arrancar la instalación	2
Tiempo total del cambio de serie		**106**

Tabla 1. Actividades del cambio de serie en la extrusora A.

Estas actividades suponen un coste total de lanzamiento de una orden de producción de 240€. El coste directo medio de un envase es de 0.4€, y el tiempo de ciclo es de 8 segundos por envase, independientemente del tamaño del mismo.

A efectos del cálculo del coste de almacenamiento de los envases, se establece un coste financiero del 15% anual del coste directo.

En el proceso de envasado, en la línea 1, el tiempo de ciclo es de 1.3 minutos, durante los cuales se envasan 6 unidades simultáneamente. El tiempo de cambio de ciclo para la línea de envasado es prácticamente despreciable.

A causa de la desproporción entre el coste de lanzamiento y el coste de almacenamiento, la aplicación del modelo POQ supone la fabricación de lotes de envases muy grandes, lo que ocasiona la necesidad de disponer de un almacén de gran extensión, que representa un estorbo para los planes de crecimiento de la empresa. Por este motivo, el Ingeniero de Organización recientemente contratado por la empresa ha planteado la conveniencia de aplicar las técnicas de producción ajustada que aprendió haciendo un Máster en la UPC. El Director de operaciones le ha autorizado el proyecto de mejora, estableciendo que el tiempo dedicado a cambios de serie de las extrusoras no puede sobrepasar el 5% del tiempo programado y que debe haber un stock de seguridad sólo a pie de línea de la extrusora, equivalente a un turno de producción de la misma.

Cuestiones que el ingeniero debe resolver de forma analítica:

1. Calcular el lote de producción según el modelo POQ para el envase de 2 litros de lejía con detergente.

2. Calcular el número de tarjetas del bucle *kanban* de lote fijo que resultaría para el envase de 2 litros, con el tiempo de cambio de serie actual y empleando los contenedores actuales.

3. Optimizar el tiempo de cambio de serie de la extrusora A aplicando la técnica SMED, mejorando exclusivamente los aspectos organizativos.

4. Recalcular el número de tarjetas del bucle *kanban* con el nuevo tiempo de cambio de serie.

5. Analizar las conclusiones de los apartados anteriores, desde la perspectiva de las necesidades actuales de la empresa.

Referencias

[1]Rajadell, M., & Sánchez, J.L. (2010). *Lean Manufacturing: La evidencia de una necesidad*. Ed. Díaz de Santos.

[2] http://es.wikipedia.org/wiki/SMED

Caso Backlights S.A.

Ramon Navarro, Albert Suñé

Asignaturas involucradas

- Dirección de operaciones
- Diseño de la cadena de suministro

Caso Backlights S.A.

Ramon Navarro, Albert Suñé

Asignaturas involucradas

- Dirección de operaciones
- Diseño de la cadena de suministro

Introducción

En gestión de la producción, SMED[1] es el acrónimo de *Single-Minute Exchange of Die*: cambio de troquel en un solo dígito de minutos. Esta técnica introduce la idea de que, en general, cualquier cambio de formato o inicialización de proceso debería durar menos de 10 minutos, de ahí la restricción *single-minute*. Se entiende por cambio de formato (o de serie) el tiempo transcurrido desde la fabricación de la última pieza válida de una serie hasta la obtención de la primera pieza correcta de la serie siguiente, por lo tanto no se trata únicamente del tiempo de máquina parada y ajustes físicos de la maquinaria.

En la aplicación del SMED se distinguen dos tipos de ajustes:

- **Ajustes / tiempos internos:** Corresponden a operaciones que se realizan a máquina parada, es decir con la máquina improductiva.

- **Ajustes / tiempos externos:** Corresponden a operaciones que se realizan (o pueden realizarse) con la máquina en marcha, o sea mientras la máquina produce.

En el caso Backlights S.A. se va a comprobar el efecto de la aplicación del método SMED sobre el tamaño de lote, el lead time y la rotación de stocks en curso en un proceso de producción por lotes, así como la utilización combinada de las técnicas SMED y *kanban*.

El Caso Backlights S.A.

Backlights S.A. es una empresa industrial que fabrica pilotos traseros para automóviles. Para cada modelo de vehículo se fabrican dos productos: el piloto de la derecha y el piloto de la izquierda. La unidad de producción es el juego de los dos pilotos.

El proceso incluye un proceso de inyección, que moldea los dos componentes transparentes de los pilotos derecho e izquierdo simultáneamente en un molde de dos cavidades. A continuación sigue un proceso de ensamblaje, donde un conjunto de líneas de montaje ensamblan los diversos componentes que forman el piloto final. Para cada modelo hay dos líneas de montaje en paralelo, con idéntico tiempo de ciclo.

Dado que el tiempo de ciclo de la inyectora de transparentes es mucho más corto que el de montaje, la misma inyectora alimenta las líneas de montaje de tres modelos que se producen en la planta: Seat Ibiza, Fiat Bravo y Suzuki Swift.

Tanto la inyectora como las líneas de montaje trabajan tres turnos de ocho horas ininterrumpidos, cinco días por semana, durante 48 semanas al año.

Las correspondientes demandas y tiempos de ciclo se indican en la tabla siguiente:

Modelo	Demanda anual (juegos)	Tiempo de ciclo de montaje (min/juego)	Tiempo de ciclo inyectora (min/juego)
Ibiza	39.200	6,5	2,2
Bravo	32.600	7,5	2,2
Swift	29.200	6	2,2

Tabla 1. Demanda y tiempos de ciclo.

El cambio de serie de la inyectora es de 125 minutos, según la tabla 2 que se adjunta como anexo.

La determinación del tamaño de lote de la inyectora se establece en base al criterio de que el tiempo dedicado a cambios de serie no puede exceder el 5% del tiempo total planificado.

Los semielaborados transparentes se almacenan en el depósito a pie de línea de la inyectora en contenedores separados (lado derecho y lado izquierdo). Los contenedores tienen una capacidad de 40 unidades cada uno.

Para la gestión del aprovisionamiento de transparentes a las líneas de montaje, se quiere implantar un *kanban* de producción de lote fijo y un *kanban* de transporte de periodo fijo de 4 horas, que aseguren en todos los casos un stock de seguridad para la cobertura de un turno de producción.

Para ello, se desea seguir los siguientes pasos:

1. Calcular el TRS de la inyectora, considerando que se ha servido toda la demanda anual requerida, sin acumular stock en el almacén de producto acabado.

2. Calcular el número de tarjetas *kanban* de producción de la inyectora y el stock medio del depósito a pie de línea para el modelo Seat Ibiza, en las condiciones iniciales descritas.

3. Aplicar la técnica SMED para reducir el tiempo de cambio de serie de la inyectora, sólo con acciones de tipo organizativo.

4. Calcular el número de tarjetas *kanban* de producción de la inyectora y el stock medio del depósito a pie de línea para el modelo Seat Ibiza, después de aplicar SMED. Proponer alguna posible acción inmediata adicional para reducir aún más el stock medio.

5. Calcular el número de tarjetas *kanban* de transporte y el stock medio del depósito de aprovisionamiento para el modelo Seat Ibiza.

Referencias

[1]http://es.wikipedia.org/wiki/SMED

Anexo 1: Tabla de tiempos para el cambio de serie

Tarea	Tiempo (minutos)	Tiempo acumulado
1. Fin de la serie. Detener la instalación	1	1
2. Avisar al operario cambiador de moldes	5	6
3. Ir a buscar las herramientas	6	12
4. Desconectar las mangueras hidráulicas	3	15
5. Abrir el molde y limpiar las cavidades	1	16
6. Preparar la cadena para el puente grúa	5	21
7. Poner spray de protección en las cavidades	1	22
8. Situar la grúa encima del molde	1	23
9. Sujetar con una cadena el lado derecho del molde	1	24
10. Desplazarse al lado izquierdo	0,5	24,5
11. Sujetar con una cadena el lado izquierdo del molde	1	25,5
12. Sacar la placa de control de la serie anterior	0,5	26
13. Cerrar el lado izquierdo del molde	1	27

Tarea	Tiempo (minutos)	Tiempo acumulado
14. Desplazamiento al lado derecho	0,5	27,5
15. Cerrar el lado derecho del molde	1	28,5
16. Desembridar el lado derecho	2	30,5
17. Desplazarse al lado izquierdo	0,5	31
18. Desembridar el lado izquierdo	2	33
19. Retirar el molde con grúa	1	34
20. Llevar el molde saliente al almacén	8	42
21. Traer del almacén el molde entrante	8	50
22. Situar la grúa encima del molde entrante	2	52
23. Sujetar con una cadena el lado derecho del molde	1	53
24. Desplazarse al lado izquierdo	0,5	53,5
25. Sujetar con una cadena el lado izquierdo del molde	1	54,5
26. Posicionar el molde entrante con la grúa	1	55,5
27. Encajar el molde en la inyectora	1	56,5
28. Embridar el lado izquierdo	2	58,5
29. Desplazamiento al lado derecho	0,5	59
30. Embridar el lado derecho	2	61
31. Retirar el puente grúa	2	63
32. Preparar la placa de control de la nueva serie	1	64
33. Devolver la placa control saliente al almacén	6	70
34. Colocar la placa de control entrante	2	72
35. Comprobar el funcionamiento de la placa	2	74
36. Introducir los datos de control del proceso nuevo	6	80
37. Cargar el programa con los datos de control	2	82
38. Abrir el molde y aplicar desmoldante	5	87
39. Conectar y embridar las mangueras	11	98
40. Guardar las herramientas	5	103
41. Poner en marcha los calefactores	2	105
42. Comprobar el cierre del molde	2	107
43. Purgar el material	3	110
44. Realizar el primer ciclo de inyección manual	3	112
45. Ajustar la cinta de recogida	5	118
46. Realizar inyección automática y ajustar hasta OK	7	125

Tabla 2. Tiempos de las tareas del cambio de serie.

Caso Termoplastic S.L.

Albert Suñé

Asignaturas involucradas

- Dirección de operaciones
- Diseño de la cadena de suministro

El caso Termoplastic S.L.

Un proceso industrial de termoconformado está constituido por una máquina que fabrica dos tipos de referencia la A#030 y la B#040, ambas forman parte de un subconjunto C#050. El subconjunto lo constituye 1 unidad de A#030 y 2 unidades de B#040.

El proceso industrial funciona 5 días por semana a un turno de 8 horas. Está planificado un paro diario de 30 minutos para desayunar. El tiempo de ciclo de la máquina de inyección depende del molde instalado, para la referencia A#030 se obtiene una pieza cada 10s, en cambio para la referencia B#040 se obtiene una pieza cada 2s. No obstante la máquina genera un 4% de unidades defectuosas y se ha evaluado que el tiempo improductivo debido a microparos suma un 2% del tiempo de funcionamiento programado.

El ciclo productivo previsto para esta máquina debe ser: producción de un lote de A#030, cambio de molde para producir B, producción de un lote de B#040 (doble de unidades que A) y cambio de molde para producir A. El tiempo de cambio de molde de A a B es de Cab=20 minutos, mientras que el cambio de molde de B a A es de Cba=40 minutos. Para realizar el cambio de molde se requieren dos operarios especializados, cuyo coste horario es de 30 €/h·persona.

Teniendo en cuenta que la demanda semanal de C#050 es de 3750 unidades, y que el coste de posesión de A#030 es de 5€/Ud·semana, se pide:

1. Calcular el lote económico de la referencia A#030.

2. Calcular el tiempo de producción de un lote de las referencias A#030 y B#040, tomando como referencia el tamaño del lote económico calculado para A#030.

3. Calcular los tiempos que componen un ciclo productivo completo (desde que se inicia la producción de un lote de A#030 hasta que vuelve a iniciarse la producción de un lote de la misma referencia).

4. Calcular el OEE máximo de la máquina de termoconformado.

Caso Metal-letra S.L.

José M. Sallan, Albert Suñé

Asignaturas involucradas

- Métodos cuantitativos en organización
- Diseño de la cadena de suministro

Introducción

El MRP2 es un método para la planificación efectiva de todos los recursos de una empresa de producción. Fue ideado para poder integrar todos los aspectos del proceso productivo incluyendo los materiales, la maquinaria y los recursos humanos.

Tanto el MRP2 como el MRP1 son predecesores del ERP. El objetivo inicial del MRP1 y del MRP2 es el de centralizar e integrar la información del negocio de forma que automatice la toma de decisiones relativas a órdenes de fabricación y compra de materiales.

Dadas sus ventajas, el sistema MRP2 ha sido implantado en la mayoría de industrias en la actualidad. Permite el desarrollo de un calendario de producción detallado que tiene en cuenta la capacidad del sistema de producción.

El caso Metal-letra

La empresa Metal-letra S.L. produce vallas publicitarias de gran formato a partir de letras metálicas. Las letras tienen un diseño estándar, y están compuestas por piezas de acero soldadas. Las piezas que componen las letras pueden ser de 3 tipos C1, C2 y C3, como se muestra en la figura 1.

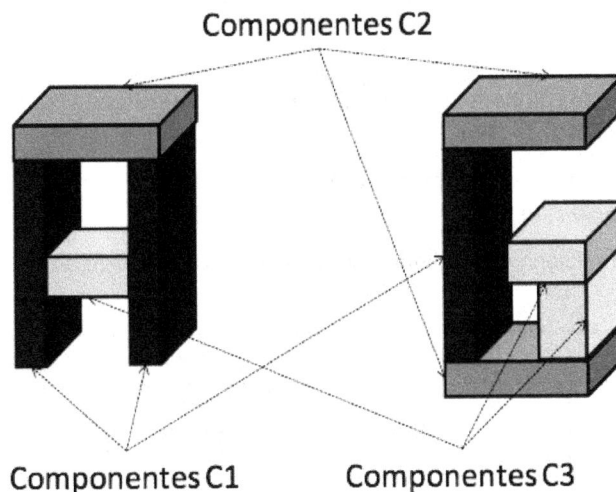

Figura 1. Descomposición de las letras estándar en sus componentes.

Actualmente Metal-letra desea implantar un sistema de planificación basado en el método MRP. Como piloto, en estos momentos desean que planifiquemos únicamente las necesidades de recursos para las letras "A" y "G", teniendo en cuenta los 3 pedidos que tienen en curso:

- Pedido 1 (entrega dentro de 7 días): "AGENCIA CATALANA DE L'AIGUA"

- Pedido 2 (entrega, dentro de 10 días): "PORT DE TARRAGONA"

- Pedido 3 (entrega, dentro de 14 días): "BENVINGUTS A GIRONA"

Para fabricar los productos y sus componentes, Metal-letra nos ha indicado los recursos que necesita y la duración estimada en la tabla 1.

	Máquina	Operario
Producto acabado "Letra A"	Soplete soldadura 1h/ud	2h/ud
Producto acabado "Letra G"	Soplete soldadura 2h/ud	4h/ud
Componente C1	1.Puente grúa 0,25 h/ud 2.Disco de corte 0,25h/ud 3.Cabina de pintura 0,5h/ud	2h/ud
Componente C2	1.Puente grúa 0,25 h/ud 2.Disco de corte 0,25h/ud 3.Cabina de pintura 0,5h/ud	2h/ud
Componente C3	1.Puente grúa 0,1 h/ud 2.Disco de corte 0,1h/ud 3.Cabina de pintura 0,2h/ud	1h/ud

Tabla 1. Recursos necesarios para cada producto.

Para fabricar una unidad de componente se requiere chapa de acero de 1m de ancho, 0,01m de grosor y un largo en las proporciones: C1: 6m, C2: 3m, C1: 2m.

La plancha de acero que se suministra desde el proveedor tiene las proporciones de 6x1x0,01m y el lote mínimo de compra es de 20 planchas.

Metal-letra informa que las condiciones habituales de aprovisionamiento son:

Producto	Stock inicial	Stock mínimo	Lotificación	Plazo de entrega
Letra A	0	0	Unitario	1 día
Letra G	0	0	Unitario	1 día
Componente C1	0	0	Múltiplo de 4	3 días
Componente C2	0	0	Múltiplo de 4	3 días
Componente C3	0	0	Múltiplo de 6	3 días
Plancha de acero	10	10	Mínimo de 20	2 días

Tabla 2. Condiciones habituales de aprovisionamiento por producto.

Se pide:

1. Calcular las necesidades brutas de los productos finales.

2. Desarrollar la planificación de necesidades de materiales para todos los productos.

3. Desarrollar la planificación de necesidades de todos los recursos necesarios.

También nos solicitan desarrollar una programación a corto plazo de las máquinas Puente Grúa, Disco de corte y Cabina de pintura para los componentes C1, C2 y C3 correspondientes al primer pedido, con el fin de minimizar el tiempo de salida de la última pieza de la última máquina (Fmax).

4. Indicar la secuencia de fabricación y el tiempo Fmax aplicando un algoritmo heurístico de programación a corto plazo.

Caso Pure Nature S.A.

Albert Suñé

Asignaturas involucradas

- Dirección de operaciones
- Diseño de la cadena de suministro

Introducción

El *layout* de un almacén consiste en la correcta disposición de los elementos en su interior, permitiendo que el manejo de los productos sea el más eficiente posible. Su objetivo es el de facilitar la rapidez de la preparación de pedidos, la precisión de los mismos y la ubicación más eficiente de la existencias.

Por eso, cuando se realiza el *layout* de un almacén, se debe considerar la estrategia de entradas y salidas y el tipo de almacenamiento que es más efectivo, dadas las características de los productos, el método de transporte dentro del almacén, la rotación de productos y el nivel de stock a mantener.

El caso Pure Nature

La empresa Pure Nature S.A. se dedica a la fabricación, envasado y comercialización de zumos provenientes de zumos concentrados. Su proceso de producción consta de 2 etapas: la mezcla y el envasado.

En la etapa de mezcla, se vierte una combinación de zumos concentrados -de acuerdo con la receta correspondiente- en un tanque de mezcla de 3000 litros. Luego se le añade agua, azúcar y conservantes. El proceso de producción del lote (llenado y mezclado) tiene una duración de 30 minutos. En el tanque de mezcla se puede conservar el producto durante un máximo de 48 horas al estar el producto refrigerado y aislado del exterior. Una vez el tanque ha sido utilizado debe limpiarse y desinfectarse para su uso posterior, lo que requiere un tiempo adicional de 30 minutos.

La empresa dispone de 2 tanques de mezcla de manera que puede preparar el siguiente lote mientras se está envasando el lote en curso. Tan pronto un tanque está limpio y queda disponible se empieza la preparación del siguiente lote.

En la etapa de envasado, se pasteuriza y se envasa el zumo en *bricks* de 1 litro en una línea de envasado automatizada. La línea opera por lotes continuos a una cadencia de 1 *brick* cada 2 segundos. Tras envasar completamente el lote de 3000 litros procedente del tanque de mezcla, la instalación debe detenerse durante 30 minutos para realizar las operaciones de limpieza y ajuste.

A la vez que se va envasando, los *bricks* se paletizan de forma automática con un robot antropomorfo en palets industriales. Cada bulto contiene 1000 *bricks* y tiene una altura de 1m. Los bultos se almacenan en una nave de 8m de altura libre, 20m de ancho y 60m de longitud. El área de producción ocupa aproximadamente la mitad de la nave, la otra mitad se destina a almacén. El almacén está dotado de estanterías convencionales con largueros de 2,5m de longitud y 10cm de grosor. Los montantes tienen una anchura de 10cm.

El producto acabado se almacena siguiendo un FIFO estricto. El stock objetivo de producto acabado es el equivalente a 1 mes de producción. Para manutención, se dispone de una carretilla retráctil de alcance 6m y diámetro de giro de 3m.

La planta de envasado funciona a 2 turnos de 7,5 h netas. A efectos de cálculo se puede considerar que un mes tiene 20 días laborables.

Con todo ello, Pure Nature nos pide:

1. Calcular la capacidad máxima (en litros/h) del proceso de mezclado y la capacidad media (en litros/h) del proceso de envasado.

2. Calcular la capacidad efectiva (en litros/día) de la instalación.

3. Evaluar el stock deseado de producto acabado en palets.

4. Determinar la superficie mínima necesaria del almacén en m² y sus parámetros de diseño (número de módulos, alturas de las estanterías, bultos por altura, etc.).

5. Realizar un croquis del *layout* de la nave con las distintas secciones. Detallando las dimensiones más relevantes del diseño del almacén (dimensiones, anchura y número de pasillos, áreas de maniobra, etc.).

Caso Gearbox S.A.

Ramon Navarro, Albert Suñé

Asignaturas involucradas

- Dirección de operaciones
- Diseño de la cadena de suministro

Caso Gearbox S.A.

Gearbox S.A. es una empresa que se dedica al montaje de transmisiones para varios fabricantes de motocicletas. La línea de montaje ensambla, por medio de una célula U, los distintos componentes que forman cada conjunto.

Cada transmisión lleva, entre otros componentes, 2 engranajes del tipo A. Estos engranajes son suministrados por Pinion S.L., una empresa que se halla en el mismo polígono industrial, que también suministra engranajes de otros tipos a otras empresas clientes.

Hasta el momento presente, el suministro de engranajes se ha realizado aplicando el modelo del lote económico de compra (EOQ), pero recientemente, ambas empresas han acordado aprovechar la proximidad entre sus plantas para efectuar un suministro por medio del sistema *kanban* con calidad concertada. Pinion utilizando un *kanban* de lote fijo, mientras que Gearbox aplicará un *kanban* de periodo fijo con suministro una vez cada turno.

Los datos que se venían aplicando para el cálculo del lote económico del engranaje tipo A se detallan en la tabla 1.

Precio de compra por unidad	4,5 €/ud
Coste de transporte y recepción de cada lote	850 €/lote
Unidades por embalaje	40 ud/caja
Coste de emisión de una orden de compra	35 €/orden
Coste anual de gestión del almacén	250 €/caja·año

Tabla 1. Datos utilizados al aplicar el modelo de lote económico.

El coste de amortización del capital invertido en stock se considera el 10% anual del valor de compra.

Con la implantación del nuevo sistema *kanban*, ambas empresas han pactado mantener los mismos precios de compra por unidad, asumiendo Pinion los costes de transporte hasta Gearbox.

La célula de montaje de Gearbox trabaja a tres turnos de ocho horas al día, 6 días a la semana, durante 50 semanas al año, con un tiempo de ciclo de 14 minutos por conjunto.

La máquina de fabricación de engranajes de Pinion produce varias piezas distintas para diversos clientes, trabajando también 3 turnos al día, 6 días a la semana. Para el engranaje tipo A, el tiempo de ciclo es de 2 minutos por unidad. El tiempo de cambio de serie de la instalación es de 25 minutos para todos los casos.

El criterio establecido en Pinion para optimizar la fabricación de un lote de producción es que el tiempo de producción del lote debe ser, como mínimo, de diez veces el tiempo de cambio de serie.

Gearbox exige un stock de seguridad equivalente a 10 conjuntos.

Con la implantación del *kanban*, los engranajes A llegarán a Gearbox en contenedores con capacidad de 20 unidades, y cada empresa asumirá los costes del stock en sus respectivas plantas.

Para comparar ambos sistemas se pide calcular:

1. El lote económico para el engranaje tipo A, el stock medio y el coste anual total de gestión del inventario en Gearbox.

2. El número de tarjetas *kanban* de producción en Pinion, y de transporte en Gearbox, necesarias para el buen funcionamiento del sistema actual.

3. El stock medio del engranaje A y el coste anual total de gestión del inventario en Gearbox de este elemento, con el sistema *kanban* y comparar con el coste del sistema de lote económico, valorando las conclusiones.

Caso Elastex S.A.

Albert Suñé, José M. Sallan

Asignaturas involucradas

- Modelos y herramientas de decisión
- Diseño de la cadena de suministro

Introducción

Los algoritmos de optimización combinatoria resuelven ejemplares de problemas que se creen difíciles en general, explorando algunas de las soluciones para estos ejemplares. Los algoritmos de optimización combinatoria logran este resultado reduciendo el tamaño efectivo del espacio de soluciones y explorándolo eficientemente. Las soluciones obtenidas por los algoritmos de optimización combinatoria se consideran "satisfactorias" al cumplir las restricciones y seguir criterios de búsqueda o mejora coherentes con la función objetivo. No obstante, no suelen garantizar la optimalidad de la solución obtenida.

El caso Elastex S.A.

La empresa de tejidos elásticos Elastex S.A. desea mejorar su sistema de programación a corto plazo. Fruto de un ambicioso plan de exportaciones ha logrado un aumento en la demanda de sus productos estrella las bandas elásticas (muy utilizadas en los sectores de lencería y hospitalario), lo que ha empezado a ocasionar problemas puntuales de capacidad en el taller.

Las operaciones se realizan en dos secciones consecutivas. La primera es la sección de telares, donde los hilos y la goma se tejen para obtener un producto semielaborado conocido como "banda elástica tejida". En la sección de telares se produce en lotes, debido a que el tiempo de preparación de un telar es de 16 horas. La empresa dispone de cuatro telares, cada uno de los cuales puede producir todas las referencias. Se ha evaluado que el lote óptimo de producción es de 4000 metros lineales de banda elástica tejida.

La segunda sección es la de plancha y acabados. La sección de plancha y acabados dispone de una única máquina de gran capacidad por la que pasan todas las referencias procedentes de los telares. El tiempo de cambio de serie es nulo, por lo que el tamaño de lote se ha especificado en fracciones de 1000 metros (un lote de banda elástica tejida de 4000 metros se puede fraccionar hasta un máximo de 4 entregas a plancha).

Las referencias de los productos acabados, su demanda para el próximo mes, su velocidad de tejido en la sección de telares y su velocidad de planchado se especifica en la tabla siguiente:

Producto	Demanda mensual	Velocidad telar	Velocidad plancha
B30	8000	0,60 m/min	4 m/min
B60	4000	0,70 m/min	6 m/min
B80	4000	0,70 m/min	6 m/min
B90	4000	0,30 m/min	3 m/min
F50	8000	0,40 m/min	4 m/min
F100	4000	0,70 m/min	6 m/min
F150	4000	0,30 m/min	4 m/min

Tabla 1. Referencia, demanda y velocidades de proceso para cada producto.

La fábrica trabaja a tres turnos en la sección de telares y a un turno en la sección de plancha, y cinco días a la semana en ambas secciones.

Se pide:

1. Establecer un criterio de decisión para generar el programa marco y las órdenes de fabricación en ambas secciones, que tenga en cuenta la limitación de capacidad de las secciones. Razonar la respuesta.

2. Aplicar el método del apartado anterior para establecer el programa marco de producción del próximo mes.

Nota: Considerar que las máquinas no tienen ningún tiempo de preparación más allá del tiempo de cambio de serie. Suponer que el próximo mes consta de 4 semanas.

Sobre los autores

Puede contactar con los autores de los casos para pedir información complementaria sobre cómo orientar su resolución o su uso en clase.

Albert Suñé Torrents

Es ingeniero industrial y doctor en administración y dirección de empresas por la Universitat Politècnica de Catalunya (BarcelonaTech – UPC). Es profesor del Departamento de Organización de Empresas de la Universitat Politècnica de Catalunya (BarcelonaTech – UPC). Combina la docencia y la investigación con la transferencia de tecnología en las áreas de dirección de operaciones, diseño de la cadena de suministro y desarrollo organizativo (www.doe.upc.edu/pers/sune-albert).

Jaume Figueras i Jové

Es ingeniero en informática por la Universitat Politècnica de Catalunya (BarcelonaTech – UPC). Es profesor del Departamento de Ingeniería de Sistemas, Automática e Informática Industrial e investiga en el ámbito de optimización de procesos industriales y logísticos. Coordina proyectos industriales en el ámbito SIG y TIC en inLab, laboratorio de la Facultad de Informática de Barcelona (http://directori.upc.edu/directori/dadesPersona.jsp?id=1003086).

Antoni Guasch Petit

Es ingeniero industrial y doctor por la Universitat Politècnica de Catalunya (BarcelonaTech – UPC). Es profesor del Departamento de Ingeniería de Sistemas, Automática e Informática Industrial de la Universitat Politècnica de Catalunya (BarcelonaTech – UPC). Combina la docencia y la investigación con la transferencia de tecnología en las áreas de simulación y optimización de procesos industriales (http://es.linkedin.com/pub/antoni-guasch/14/913/703).

Mercedes García Parra

Es licenciada en ciencias económicas y empresariales y doctora por la Universitat Politècnica de Catalunya (BarcelonaTech – UPC). Es profesora del Departamento de Organización de Empresas de la Universitat Politècnica de Catalunya (BarcelonaTech – UPC). Combina la docencia y la investigación con la transferencia de tecnología en las áreas de dirección financiera, gestión de costes y fiscalidad de las sociedades (www.doe.upc.edu/pers/garcia-mercedes).

Vicenç Fernández Alarcón

Es ingeniero en telecomunicaciones y electrónica, y doctor en administración y dirección de empresas por la Universitat Politècnica de Catalunya (BarcelonaTech – UPC). Actualmente es profesor del Departamento de Organización de Empresas de la Universitat Politècnica de Catalunya (BarcelonaTech–- UPC). Realiza docencia en los ámbitos de dirección de empresas y organización industrial, e investiga en el ámbito del comportamiento organizativo, la innovación tecnológica y la dirección de empresas (www.doe.upc.edu/pers/fernandez-vicenc).

Ramon Navarro Antúnez

Es ingeniero industrial y ha estado trabajando como tal en la empresa privada por más de cuarenta años, en el campo de la gestión de la producción, de la calidad y de la mejora de la eficiencia productiva, especialmente en la aplicación de técnicas de Lean Manufacturing. Ha sido profesor asociado del Departamento de Organización de Empresas de la Universitat Politècnica de Catalunya (BarcelonaTech – UPC) durante los últimos ocho años, impartiendo materias relacionadas con su experiencia profesional.

Ignasi Arcusa Postils

Es licenciado en ciencias químicas, especialidad química orgánica por la Universitat de Barcelona (UB). Es profesor asociado del Departamento de Organización de Empresas de la Universitat Politècnica de Catalunya (BarcelonaTech – UPC). Ha desarrollado su experiencia profesional en el sector de automoción como gestor de compras, almacenes de materias primas y logística. También ha trabajado en otros sectores como el farmacéutico, químico, electrónica y gran consumo (www.doe.upc.edu/pers/arcusa-ignasi).

José M. Sallan

Es doctor en ingeniería industrial por la Universitat Politècnica de Catalunya (BarcelonaTech – UPC). Es profesor del Departamento de Organización de Empresas de la Universitat Politècnica de Catalunya (BarcelonaTech – UPC). Realiza docencia en los ámbitos de dirección de empresas y organización industrial, e investiga en el ámbito del comportamiento organizativo y la dirección de empresas (www.doe.upc.edu/pers/sallan-jose-maria).

Anna Solans Filella

Licenciada en Administración de Empresas de la Universitat de Barcelona (UB). Realiza docencia en las especialidades de Marketing y Administración de Empresas. Investigadora en las áreas de comportamiento del consumidor y marketing, actualmente está realizando la tesis doctoral (www.doe.upc.edu/pers/solans-anna).

Francisco Gil Vilda

Es ingeniero industrial por la Universidad de Zaragoza. Con más de 15 años de experiencia industrial en el ámbito de las operaciones es especialista en Lean Management. En 2009 fundó Leanbox (www.leanbox.es) donde combina sus actividades como consultor, formador, escritor y divulgador Lean a través de su blog www.franciscogilvilda.es.

Oriol Lordan González

Es ingeniero aeronáutico por la Universitat Politècnica de Catalunya (BarcelonaTech – UPC). Es profesor del Departamento de Organización de Empresas de la Universitat Politècnica de Catalunya (BarcelonaTech – UPC). Realiza docencia en los ámbitos de organización industrial y explotación del transporte aéreo, e investiga en el ámbito de las estrategias de rutas de transporte en el sector de la aviación comercial (www.doe.upc.edu/pers/lordan-oriol).

Pep Simo

Es Profesor del Departamento de Organización de Empresas en la Universitat Politècnica de Catalunya (BarcelonaTech – UPC) y profesor consultor del Departamento de Economía y Empresa de la Universitat Oberta de Catalunya (UOC). Es Ingeniero Industrial y Doctor en Administración y Dirección de Empresas, imparte docencia en la Escuela Técnica Superior de Ingenierías Industrial y Aeronáutica de Terrassa (ETSEIAT) y en la Universitat Oberta de Catalunya. Sus principales áreas de investigación son Organizational Behavior, Education, Management, Gender, Economic Sociology and Social Research Methods (www.doe.upc.edu/pers/simo-pep).

www.ingramcontent.com/pod-product-compliance
Lightning Source LLC
Chambersburg PA
CBHW051222200326
41519CB00025B/7213